T-MEC Transforma a México

T-MEC
USMCA
CUSMA

Yocet Galván

Sergio Yocet Galvan Orozco (2023) Cd Juárez, Chihuahua.

ISBN: 9798851467622

Agradecimientos

Quiero empezar agradeciendo nuevamente a mi familia y en especial a mi esposa e hijos que siempre estarán presentes en todos mis proyectos, ya que durante vario tiempo han estado aportando valiosa ayuda para que mis proyectos continúen adelante, además siempre hacen que de alguna manera puedan concluir con éxito mis proyectos. La creación y desarrollo de este libro fue gracias al gran apoyo incondicional que recibí durante toda la investigación y consultas.

Amigos, amigas y lectores de temas de comercio exterior, quiero agradecerte también, porque ustedes fueron una parte importante de inspiración para concluir con este libro, también quiero agradecer aquellos autores, comentaristas y conferencistas que gracias a sus experiencias, críticas y puntos de vista pude descifrar con más precisión el siguiente documento.

Te invito a que conozcas mas a detalle el mecanismo del acuerdo comercial TMEC y como México gestiona las relaciones comerciales.

Gracias de nueva cuenta por tu apoyo y confianza.

Introducción.

El T-MEC: Un nuevo horizonte para el comercio en América del Norte. Descubre los desafíos y oportunidades del tratado que redefine las reglas del juego." Después de arduas negociaciones que se prolongaron por 13 meses, un nuevo pacto comercial trilateral ha surgido en América del Norte. El Tratado entre México, Estados Unidos y Canadá, conocido como T-MEC o USMCA en inglés, representa un hito en la evolución de las relaciones comerciales en la región.

En este libro, exploraremos a fondo la transición del antiguo Tratado de Libre Comercio de América del Norte (TLCAN) al innovador T-MEC. Analizaremos las diferentes claves entre ambos acuerdos y cómo estas modificaciones impactan en diversos sectores económicos. Analiza los capítulos renovados que abordan temas cruciales, como la industria automotriz, la lucha contra la corrupción y el soborno, el comercio electrónico y la protección de la propiedad intelectual, reformas laborales y sector energético. Descubre cómo estas disposiciones buscan impulsar el crecimiento económico, fomentar la inversión y fortalecer las relaciones comerciales entre los países involucrados. El presente documento se compone de dos partes, en las cuales se presenta información de la renegociación del TLCAN, su conversión al T-MEC y las diferencias entre éstos.

El T-MEC y NEARSHORING son una nueva era en el comercio de América del Norte" que gracias a los efectos del COVID-

19, muchas empresas extranjeras buscaran la manera de que otra pandemia no volviera a afectar el traslado de las mercancías extranjeras. Ahora con el nuevo acuerdo comercial, es una exploración exhaustiva de los beneficios, desafíos y oportunidades que el T-MEC y el NEARSHORING representan para los países involucrados. Desde la renovación de los acuerdos comerciales hasta la transformación de las cadenas de suministro. Este libro ofrece una visión clara y detallada de cómo estas nuevas dinámicas están remodelando el panorama económico y comercial en América del Norte, y en todo el mundo.

Índice

2023

México-US-Canadá

Gracias a que México cuenta con una red de 14 Tratados internacionales de libre comercio con más de 50 países en todo el mundo, ha logrado ponerse como un país 100% exportador donde manda diversas mercancías para todo el mundo, logrando así ser el mejor aliado de Estados Unidos para temas de inversión extranjera y el intercambio de mercancías.

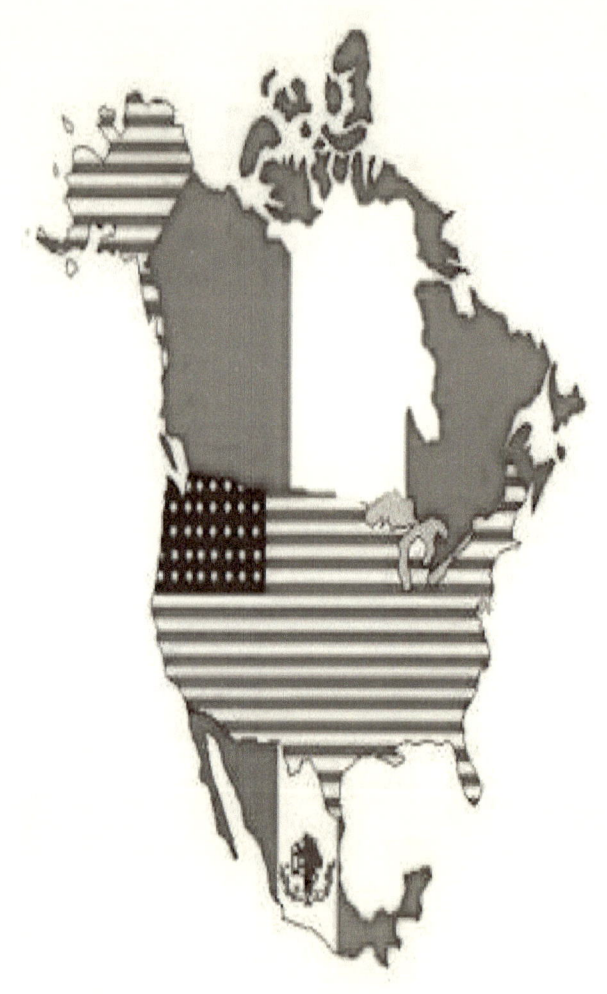

Antecedentes y Aplicación del TLCAN y USMCA.

El Tratado entre Estados Unidos, México y Canadá (USMCA, por sus siglas en inglés) es un acuerdo comercial que entró en vigor el 1 de julio de 2020 y reemplazó al Tratado de Libre Comercio de América del Norte (TLCAN), que había estado vigente desde 1994. El TLCAN fue el primer tratado de libre comercio de los Estados Unidos, México y Canadá y estableció una zona de libre comercio entre los tres países, eliminando gradualmente los aranceles y otras barreras comerciales a lo largo de un período de 26 años.

El TLCAN tuvo un impacto significativo en la economía de los tres países, incrementando el comercio y la inversión entre ellos y creando nuevas oportunidades de empleo. Sin embargo, también fue objeto de críticas por parte de algunos sectores de la sociedad en los tres países, especialmente por los efectos que tuvo sobre el empleo y las condiciones laborales, así como por su impacto en el medio ambiente.

El USMCA se creó con el objetivo de abordar algunas de estas críticas y modernizar el TLCAN. El actual Acuerdo Comercial, mantiene gran parte del contenido del TLCAN, pero también incorpora nuevas disposiciones y actualiza otras existentes para reflejar las realidades del comercio en el siglo XXI.

El USMCA fue negociado durante la administración del presidente de los Estados Unidos, Donald Trump, y fue firmado por los líderes de los tres países en noviembre de 2018. Entró en vigor el 1 de julio de 2020, después de que los gobiernos de los tres países lo ratificaran. El objetivo del tratado fue actualizar y modernizar el TLCAN incluyendo cambiar el nombre, y mejorar la competitividad de América del Norte en el mercado global. Fue negociado y firmado durante la administración del presidente Enrique Peña Nieto en México. Sin embargo, el acuerdo aún debía ser aprobado por los congresos de los tres países antes de que pudiera entrar en vigor. Finalmente, el USMCA fue aprobado por los tres países y entró en vigor el 1 de julio de 2020.

se llevaron a cabo varias rondas, con la participación de funcionarios de alto nivel de los tres países. En total, se llevaron a cabo siete rondas de negociaciones, con la última ronda celebrada en septiembre de 2018. Luego de la última ronda, se anunció un acuerdo preliminar entre los tres países, que finalmente se convirtió en el acuerdo final firmado en noviembre de 2018, para entrar en vigor el 1ro de Julio del 2020.

Dentro de las ronda programadas estaban lidereadas por los siguientes funcionarios de alto nivel en ese momento.

- Ildefonso Guajardo, Secretario de Economía de México.

- Jesús Seade, negociador principal de México para el USMCA.
- Kenneth Smith Ramos, jefe del equipo negociador de México para el TLCAN y luego para el USMCA.
- Graciela Márquez Colín, subsecretaria de Comercio Exterior de México

Además de estos funcionarios, otros miembros del equipo negociador de México incluyeron a expertos en temas específicos, como propiedad intelectual, energía y medio ambiente, trabajo y empleo.

Durante las negociaciones, hubo cierta incertidumbre en el sector manufacturero y se debió en gran parte a la posibilidad de que el USMCA no se aprobara y en cambio, se aplicaran aranceles más altos a los productos importados de los tres países. El sector manufacturero comenzó a presionar a los gobiernos para llegar a un acuerdo y la incertidumbre se redujo después de que se anunciara un acuerdo preliminar en septiembre de 2018, y la aprobación final del USMCA en los tres países permitió que el sector manufacturero continuara operando bajo un conjunto de reglas comerciales claras y estables.

El USMCA a diferencia del TLCAN, contaba de 22 capítulos, mientras que el Tratado entre Estados Unidos, México y Canadá (USMCA) tiene 34 capítulos, incluyendo nuevas disposiciones que no estaban en el TLCAN, como diez capítulos nuevos y que Hay varias diferencias importantes entre el Tratado de Libre Comercio de América del Norte

(TLCAN) y el Acuerdo de Estados Unidos-México-Canadá (USMCA). Estos son los treinta cuatro capítulos que aborda el nuevo acuerdo TMEC.

Capítulo 01 Disposiciones Iniciales y Definiciones Generales. Capítulo 02 Trato Nacional y Acceso a Mercados. Capítulo 03 agricultura. Capítulo 04 Reglas de Origen Capitulo 06 mercancías Textiles y Prendas de Vestir. Capítulo 07 administración Aduanera y Facilitación el Comercio. Capítulo 07 administración Aduanera y Facilitación el Comercio. Capítulo 09 Medidas Sanitarias y Fitosanitarias. Capítulo 10 Remedios Comerciales. Capítulo 11 obstáculos técnicos al Comercio. Capítulo 12 Anexos Sectoriales. Capítulo 13 Contratación Pública. Capítulo 14 Inversión. Capítulo 15 Comercio Transfronterizo de Servicios. Capítulo 16 Entrada Temporal. Capítulo 17 Servicios Financieros. Capítulo 18 Telecomunicaciones. Capítulo 19 Comercio Digital. Capítulo 20 Derechos de Propiedad Intelectual. Capítulo 21 política de Competencia. Capítulo 22 Empresas Propiedad del Estado y Monopolios Designados. Capítulo 23 Laboral. Capítulo 24 Medio Ambiente. Capítulo 25 pequeñas y Medianas Empresas. Capítulo 26 Competitividad. Capítulo 27 anticorrupción. Capítulo 28 Buenas Prácticas Regulatorias. Capítulo 29 publicación y Administración. Capítulo 30 Disposiciones Administrativas e Institucionales. Capítulo 31 solución de Controversias. Capítulo 32 Excepciones y Disposiciones Generales. Capítulo 33 Asuntos de política macroeconómica y de Tipo de Cambio. Capítulo 34 Disposiciones Finales.

Un cambio muy importante fue que, el nuevo USMCA/TMEC esta señalado como un acuerdo comercial, recordemos que el anterior TLCAN era un tratado de libre comercio, personalmente tengo mi reserva con el hoy llamado Acuerdo Comercial - USMCA o TMEC. Hay diferencia, si, si lo hay. Ejemplo, un acuerdo comercial es un término general que se utiliza para referirse a cualquier tipo de acuerdo o pacto que se realiza entre dos o más países para facilitar el comercio entre ellos.

Mientras el tratado de libre comercio (TLC) es un acuerdo comercial específico que busca reducir o eliminar los aranceles y barreras comerciales entre los países participantes. Un TLC tiene como objetivo fomentar el comercio entre los países firmantes, aumentar la inversión y promover la cooperación en áreas como la propiedad intelectual, los servicios y la agricultura etc. En pocas palabras los tratados de libre comercio tienen más poder que los acuerdos comerciales debido a su naturaleza legal vinculante y a la obligación de los países participantes de cumplir con los términos del tratado.

Sin olvidar que los tratados de libre comercio, una vez ratificados, se convierten en leyes internacionales y pueden ser aplicados en tribunales nacionales e internacionales, con la independencia de que los países que no cumplen con los términos del tratado pueden ser sujetos a sanciones por parte de otros países firmantes.

Los acuerdos comerciales pueden ser menos efectivos debido a su naturaleza no vinculante y a la falta de mecanismos legales para hacer cumplir los términos del acuerdo. Aunque los países pueden comprometerse a cumplir con los términos del acuerdo, estos compromisos pueden no ser legalmente vinculantes y pueden ser difíciles de hacer cumplir.

Para que se pueda entender y diferenciar uno del otro a qui tienes otro contexto. En un acuerdo comercial un país puede acordar con otro país que solo importará ciertos productos en cantidades limitadas, o que no impondrá aranceles sobre ciertos productos que importa de ese país.

Sin embargo en el TLC, es un acuerdo entre dos o más países que establece un marco legal para la eliminación o reducción de las barreras comerciales, como aranceles y cuotas, entre los países miembros, además de la eliminación de las barreras comerciales, un tratado de libre comercio es un acuerdo más amplio y ambicioso que busca reducir significativamente las barreras comerciales entre los países miembros y promover una mayor integración económica y comercial entre ellos.

En mi experiencia, el Acuerdo USMCA, debería de llamarse Tratado-USMCA ya que cumple y establece un marco legal para la eliminación o reducción de las barreras comerciales entre los tres países.

Aunque el Acuerdo Comercial USMCA/TMEC tenga sus diferencias, no deja de ser un acuerdo modernizado y protector en las operaciones del siglo XXI. Es importante que el acuerdo pueda regular toda actividad sospechosa que amenace la integridad y la soberanía de cada país, por nombrar, como un país se puede ver amenazado por otro país, sería la competencia desleal, que es la más común y utilizada cuando hacen él intercambio de las mercancías de comercio internacional.

Los nuevos cambios y las nuevas tendencias que fueron implementadas hoy en la actualidad para el aprovechamiento de este acuerdo trilateral son necesarios para establecer nuevos criterios y nuevas formas de aplicar criterios a las mercancías, inversión y temas energéticos. Por mencionar otros más de ellos.

Reglas de origen automotrices: El USMCA/TMEC introduce nuevas reglas de origen para la industria automotriz, que requieren que un porcentaje más alto de los componentes de un automóvil sean producidos en América del Norte para calificar para el trato preferencial. Esto tiene como objetivo fomentar la producción regional y proteger los trabajos en la industria automotriz.

Capítulos adicionales: Incluye nuevos capítulos que no se encontraban en el TLCAN, como el capítulo sobre comercio digital, el capítulo sobre energía, medio ambiente y el capítulo sobre competencia y empresas estatales.

Protección laboral: Donde incluye disposiciones más fuertes sobre protección laboral, incluyendo la obligación de que México apruebe nuevas leyes laborales y permita a los trabajadores formar sindicatos y negociar contratos colectivos de trabajo. Esto tiene como objetivo garantizar que los trabajadores de todo el país obtengan salarios justos y condiciones de trabajo seguras, aplicando reformas laborales a la ley federal del trabajo y de la misma manera haciendo cumplir nuevos compromisos y agregados laborales.

Con la entrada en vigor del T-MEC se ha visto un progreso en los derechos laborales, donde todos se beneficien y no se utilice mano de obra barata como competencia desleal. Mexico está pasando por momentos históricos en el tema laboral.

Además de que México ha hecho diversos cambios en la legislación aduanera en temas laborales para combatir la mano de obra barata, trabajo infantil y así como mercancías extranjeras con trabajo forzoso. Ahora las mercancías que son ingresadas a territorio nacional independientemente de la aduana que sea, el cruce de las mercancías de cualquier fracción arancelaria que se le asigne no debe de haber sido producidas en su totalidad o en parte mediante uso de mano de obra de trabajadores en situaciones de trabajo forzoso u obligatorio, incluyendo el trabajo infantil forzoso u obligatorio, la autoridad regulatoria será la Secretaria del Trabajo y Prevención Social (STPS) en conjunto con la Secretaria de economía, este hace referencia a un claro ejemplo del cual México se ha comprometido a que el comercio exterior sea basado en derechos humanos y atiende disposiciones el artículo 23.6

del mismo acuerdo TMEC establece. Las partes deberán prohibir la importación de mercancías a su territorio procedentes de otras fuentes producidas en su totalidad o en parte por trabajo forzoso.

Considerando que el órgano internacional para regular dicha medida que se establecido en el TMEC y posteriormente implementada por México en los sistemas de comercio exterior para regular ese tipo de prácticas, se ha definido la organización internacional del trabajo por sus siglas (OTI), con este cambio, todas las partes quedan obligados a suprimir, lo más pronto posible, el empleos del trabajo forzoso u obligatorio en todas sus formas.

Gracias a estes órgano internacional participativo, coadyuba en asuntos de relaciones laborales a nivel internacional. La Organización Internacional del Trabajo, es parte de las naciones unidas fundada en 1919 del mes de Abril, con el objetivo de lograr expansión de los derechos de los trabajadores.

Actividad principal de la OTI Protección y promoción de los derechos relacionados con el trabajo, ahora estas organizaciones deben de trabajar muy de la mando con cualquier tipo de tratado del que México forme parte.

Estos son algunos de los problemas de derechos humanos en México que se han visto afectados por los tratados de libre comercio: Derechos laborales. Los tratados de libre comercio han sido criticados por conducir a la violación de los derechos laborales en México. Por ejemplo, algunos argumentan que estos acuerdos han llevado a la represión de la organización de los trabajadores y la negociación colectiva, así como a la explotación de los trabajadores.

derechos indígenas. Los tratados de libre comercio también han sido criticados por conducir a la violación de los derechos indígenas en México. Por ejemplo, algunos argumentan que estos acuerdos han llevado al despojo de los pueblos indígenas de sus tierras, así como a la erosión de sus derechos culturales y lingüísticos.

Derechos ambientales. Los tratados de libre comercio también han sido criticados por conducir a la violación de los derechos ambientales en México. Por ejemplo, algunos argumentan que estos acuerdos han llevado a la degradación del medio ambiente, así como al aumento de la contaminación. Es importante señalar que existe un debate sobre hasta qué punto los acuerdos de libre comercio han llevado realmente a violaciones de derechos humanos en México. Algunos argumentan que estos acuerdos han tenido un impacto positivo en los derechos humanos, mientras que otros argumentan que han tenido un impacto negativo. Sin embargo, no hay duda de que estos acuerdos han generado preocupaciones sobre la protección de los derechos humanos en México.

Autoridad Reguladora de tratados de libre comercio.

En México, la autoridad encargada de gestionar los tratados de libre comercio es la Secretaría de Economía (SE). La cual es la encargada de llevar a cabo las negociaciones y la firma de los acuerdos comerciales internacionales en nombre del estado mexicano, así como de coordinar su implementación y supervisión, y tiene como objetivo promover y proteger los intereses comerciales de México que tiene con el extranjero, así como fomentar la integración económica y el comercio internacional en beneficio de la economía mexicana, y en beneficio para los consumidores.

Una vez que el tratado de libre comercio entra en vigor, su duración puede ser también variable, dependiendo de lo que se haya acordado en cada caso. Algunos tratados tienen una duración limitada, por ejemplo, de cinco o diez años, y pueden ser renovados o negociados de nuevo al término de ese período. Es importante mencionar que la duración de un tratado de libre comercio puede ser afectada por cambios en las condiciones políticas y económicas de los países firmantes, por ejemplo, cabe destacar que el T-MEC incluye una revisión y actualización continua de las disposiciones del acuerdo, con el fin de adaptarse a las necesidades y circunstancias cambiantes de los tres países involucrados. Además, el tratado contempla la posibilidad de realizar una revisión, de acuerdo al capítulo

34 llamado disposiciones finales, el artículo 34.7 establece que el tratado terminara a los 16 años después de la fecha a su entrada en vigor, con la opción de hacer una reunión cada 6 años para su revisión conjunta del mismo funcionamiento, y dentro de esa misma reunión hacer notable que cada parte desea continuar por un periodo de 16 años más.

Para la confirmación de esta prórroga, si desean o no desean prolongarla por otro periodo de 16 años, cada parte confirmara por escrito mediante su jefe de gobierno el deseo de prorroga y la vigencia del tratado se prorrogará automáticamente por 16 años.

En México, la regulación de los tratados de libre comercio se establece principalmente en la Constitución Política de los Estados Unidos Mexicanos y en la Ley de Comercio Exterior. La CPEUM establece en su artículo 133 que los tratados internacionales celebrados por el Estado mexicano son la ley suprema de toda la Unión, por lo que todas las autoridades y personas están obligadas a respetarlos y cumplirlos.

El TMEC es una fuente formal en sí misma, ya que establece las reglas, principios y disposiciones que los países firmantes se comprometen a respetar y aplicar la ley de Tratados Internacionales, donde establece las reglas para la celebración, aprobación, ratificación, modificación, interpretación, denuncia y extinción de los tratados internacionales en México, establece, entre otras cosas, que la aprobación y ratificación de un tratado internacional debe ser realizada por el Senado de la República y serán ley suprema, en el caso de poder celebrar un tratado de libre comercio al finalizar la ratificación, dicho acuerdo solo podrá ser celebrado entre el Gobierno de México y uno o varios sujetos de derecho internacional público, también podemos destacar que de acuerdo a la ley sobre celebración de tratados nos dice que un **tratado** es el convenios regido por el derecho internacional público y celebrado por escrito por el Gobierno de México y varios sujetos de derecho internacional público.

Los sujetos de derecho internacional público, u órganos gubernamentales hacen referencia a la participación extranjera o bien organismos internacionales que pueden intervenir en la celebración de los tratados internacionales que México tenga a disposición del senado de la república, es una disposición normativa que el estado mexicano tiene para comprometerse internacionalmente en el desarrollo como miembro de la comunidad internacional de tratados internacionales.

La Ley de Comercio Exterior (LCE) establece las reglas para la aplicación de las normas contenidas en los tratados comerciales internacionales en México, incluyendo el TMEC. La ley establece, entre otras cosas, los procedimientos para la emisión de medidas de salvaguarda, la verificación y vigilancia de las importaciones, y las sanciones por el incumplimiento de las normas comerciales.

Ley Aduanera (LA) quien regula el comercio exterior en México, y establece las reglas y procedimientos para la entrada, salida y control de mercancías en el territorio mexicano, así como la aplicación de impuestos y derechos aduanales. La Ley Aduanera es relevante para los tratados de libre comercio, ya que establece los requisitos y procedimientos para el comercio de mercancías entre los países firmantes de estos acuerdos.

Los tratados internacionales además de estar regulados por la normatividad de cada país también están regulados por la OMC Organización Mundial del Comercio quien cuida para que se cumplan las normas y regulaciones propuestas en el mismo tratado.

La Secretaria de Economía (SE) Es una de las diecinueve que el estado mexicano tiene para la administración, regulación y fomento para la economía del país,

Las taras de (**SE**) es diseñar, planear, ejecutar y coordinar las políticas públicas en materia de desarrollo económico, regular los precios en productos y servicios del sector privado, inspeccionar el cumplimiento de leyes y normatividades en la comercialización de productos y servicios.

Además también es la encargada de modificar impuestos y aranceles a las actividades comerciales e industriales, o mejor dicho hacer modificaciones a la TIGIE. Entre otras actividades importantes para el sector privado. SE es la única autoridad en México es expedir los programas de fomento, por ejemplo IMMEX.

Estos son los logos utilizados por tres sexenios diferentes. Hoy en 2023 le pertenece al de la tercera imagen.

Fuente :
https://es.wikipedia.org/wiki/Secretar%C3%ADa_de_Econ
om%C3%ADa_(M%C3%A9xico)

El TLC con América del Norte y las empresas manufactureras, maquiladoras.

El Tratado de Libre Comercio de América del Norte (TLCAN) fue un acuerdo comercial que entró en vigor el 1 de enero de 1994 entre México, Estados Unidos y Canadá. Antes de su entrada en vigor, la negociación del TLCAN se inició en 1990 y se concluyó en 1992, para que el presidente Salinas de Gortari fuera quien firmara el dicho tratado el 17 de diciembre del 1992, después de una serie de rondas de negociaciones.

Para México, el TLCAN fue un paso importante hacia una mayor integración en la economía global y una forma de diversificar su comercio más allá de los mercados tradicionales de Europa y América Latina. La entrada en vigor del TLCAN tuvo un impacto significativo en la economía mexicana, especialmente en las industrias de manufactura y agricultura, así como las empresas automotriz, y la de arneses, de igual manera también tomaron efecto nuevas disposiciones del contenido del TLCAN, cambios significativos como;

aumento del comercio y la eliminación de las barreras arancelarias entre los tres países, lo que permitió un aumento significativo del comercio. Desde la entrada en vigor del acuerdo en 1994 y hasta su fecha de termino, el primero de julio del año 2020, siendo remplazado por el nuevo USMCA/TMEC, el comercio entre México, Estados Unidos y Canadá fortalecieron más que nunca una confianza mutua, creando lazos duraderos y efectivos para las tres economías, que nunca se imaginaron hablar de eliminar o modificar el tratado años después, porque era tan bueno el TLCAN? Que tenia de especial para el gobierno de salinas.

Trajo la atracción de inversión extranjera, el TLCAN fue un factor importante en la atracción de inversión extranjera directa a México. Las empresas estadounidenses, en particular, han invertido grandes cantidades de dinero en México desde la entrada en vigor del acuerdo, el gobierno mexicano además de ofrecerles un libre comercio, siempre está monitoreando las entradas y salidas de las mercancías a través de las dependencias federales, respetando la soberanía del derecho internacional y lo estipulado en los acuerdos de la OMC, la organización mundial del comercio, es la encargada de regular y supervisar el comercio entre los países miembros y de asegurarse que lo entre los países partes no tengan diferencias comerciales.

Además la eliminación y la regulación de barreras comerciales ha permitido a México diversificar su economía y aumentar la competitividad de sus productos. El crecimiento económico de México se aceleró desde la entrada en vigor del TLCAN, con un aumento promedio del PIB del 3,2% anual entre 1994 y 2017. Trajo también la Creación de empleo, el aumento del comercio y la inversión extranjera han generado nuevos empleos en México, especialmente en las industrias de manufactura, servicios y automotriz.

La creación de empleo ha contribuido a una mejora del nivel de vida de los mexicanos. El aumento del comercio ha permitido una mayor disponibilidad de bienes y servicios a precios más bajos, lo que ha beneficiado a los consumidores mexicanos. El TLCAN después de 26 años de servicio cierra sus puertas, recordaran que gracias a la entrada en vigor del TLCAN miles de mexicanos cuentan con una vida digna, como un trabajo, familia o hasta sus propios negocios, esto es gracias a toda la inversión extranjera que se encuentra dentro de la república, México realizo un buen trabajo en haber tomado la decisión de ratificar un TLCAN, gracias a esa iniciativa del presidente y del congreso ahora México está posicionado como una plataforma logística, que ha permitido tener un comercio digita y automatizado con el fin simplificar operaciones de importación y exportación para todos los usuarios del comercio exterior, y todo el sector maquilador y manufacturero.

Parte de esta modernización creada en los 80, 90 fue para el sector maquilador, donde implementaron mecanismos para que las empresas pudieran de gozar de más beneficios por el ingreso de las materias primas, partes o insumos, el gobierno federal por medio de instrumentos de comercio exterior le dio vida al fomento a las exportaciones para las maquiladoras (IMMEX) México y los programas IMMEX se ha considerado un sector muy importante y fundamental para el crecimiento económico del país y sobre todo con la creación de empleos en México.

Parte de los mecanismos y programas que **SE** (Secretaria de Economía) tiene para los importadores, han sido clave importante y un parteaguas para las finanzas del sector privado, como lo son todas aquellas empresas que importan mercancías temporales para su posterior exportación como un producto ya terminado, dichas empresas generan millones de dólares anuales en venta logrando una utilidad de ganancia por las ventas muy atractiva para las empresas. Esto significa que las ganancias de una empresa después de haber pagado sueldos, impuestos y servicios, aun la utilidad de ganancia puede ser muy atractiva para los corporativos.

Ahora, la manufactura, la industria eléctrica, electrónica, automotriz y la industria del acero pertenecen al paquete de beneficios para evitar los impuestos al comercio exterior, así como el impuestos al valor agregado.

Gracias a la entrada en vigor del TLCAN y posteriormente con la continuación del nuevo acuerdo, hoy en la actualidad 2023, de acuerdo a datos oficiales, hay más de 6,000 empresas haciendo uso del beneficio del actual acuerdo comercial USMCA, como las preferencias arancelarias y el diferimiento de los impuestos al comercio exterior, entre otros mecanismos de los que cuenta el gobierno de México en conjunto con la Secretaria de Economía. La manufactura ha experimentado un crecimiento en las últimas décadas del tratado, haciendo fuerte la economía de Mexico, a través de la mano de obra mexicana.

Gracias a estos cambios, la industria manufacturera mexicana y la automotriz se han expandido significativamente en sus últimos años, antes del término del TLCAN, con un aumento en la producción, en las importaciones y las exportaciones. En particular, la manufactura de productos como automóviles, electrodomésticos, productos electrónicos y textiles ha experimentado un importante crecimiento en México. Pero se puede destacar un periodo en particular en el que se dio un importante aumento, Corresponde a la década de los 90, después de la entrada en vigor del Tratado de Libre Comercio de América del Norte (TLCAN) en 1994. Como era México antes de un TLCAN? México tenía una economía por los suelos, la economía mexicana se caracterizaba por un alto grado de proteccionismo y regulación, lo que dificultaba el desarrollo de una economía más dinámica y competitiva. Estaba dominada por el sector público, y existían restricciones significativas para la inversión extranjera y el comercio internacional.

La política económica se centraba en gran medida en la sustitución de importaciones, que consistía en la producción local de bienes que antes eran importados. Esta política tenía como objetivo reducir la dependencia de México de los bienes extranjeros y estimular la producción local. También limitó la competencia y la innovación, lo que llevó a una economía relativamente estancada y poco diversificada.

Llego el TLCAN y eliminó gradualmente las barreras arancelarias y no arancelarias al comercio entre México, Estados Unidos y Canadá, lo que permitió una mayor integración de las economías de la región y un aumento del comercio y la inversión. En particular, la eliminación de aranceles y la reducción de costos de producción ayudaron a impulsar la manufactura en México y la creación de cientos de empresas que hoy en la actualidad generan una parte importante del PIB de nuestro país, además de que aseguran una vida digna para los mexicanos.

Gracias a estos cambios, el sector industrial se ha expandido significativamente en los últimos años, con un aumento de la producción y las exportaciones. En particular, la manufactura de productos como automóviles, electrodomésticos, productos electrónicos y textiles han experimentado un importante crecimiento en México.

Además, la ubicación geográfica estratégica de México, la mano de obra relativamente barata y el desarrollo tecnológico del sector manufacturero. Hoy en día el sector privado es muy importante para el gobierno de México porque es un motor clave de crecimiento, a través de la inversión en nuevos negocios, la innovación y la generación de empleo directos e indirectos. México a globalizado a treves de los años y ha mejorado la manera de gestionar el comercio exterior, se han hecho varias reformas a la ley aduanera con el fin de regular, con mayor eficiencia la recaudación, recordemos que el único objetivo de la aduana es la recaudación, recabar ingresos es el objetivo principal para las aduanas, pero aun así continua con las mejoras por ejemplo al sector privado, se le ofrecieron nuevas alternativas para poder evitar el impuesto al valor agregado a las mercancías importadas temporalmente, del cual hablare más adelante.

A estas alturas de tu vida, ya estas interesado en la economía del país, ya sabes cuales son los mecanismos que México aplicar para fomentar las exportaciones, tienes idea de lo que es una fracción arancelaria o bien que son los impuestos al comercio exterior o como se aplican la política exterior de México.

Las empresas establecida en México importan mercancías del extranjero sin el pago de los impuestos al comercio exterior y en algunos casos sin el pago del impuestos al valor agregado, esto con el fin de producir un bien para posterior mente mandarlo hacia el mercado de estados unidos bajo al amparo del tratado de libre comercio, son una de las condiciones que el gobierno mexicano les pide a los inversionistas que quieran ingresar a México mercancías, insumos, partes u/o componentes.

Los importadores sabrán que el tema no es simple como se menciona en el párrafo anterior, el importador debe de cumplir con ciertos requisitos para ser acreedores de programas para exportación, certificaciones para evitar IGI y IVA y otras más certificaciones que contienen beneficios administrativos y temas importantes como evitar la discriminación de precios en el comercio internacional y exterior.

Un cambio relativamente importante que nos dejó el TLCAN fue, un gran cambio en la modernización aduanera, que es esto? se refiere a cambios, mejoras en la entrada y salida de mercancías, se dice que en la década de 1990, comenzó una serie de reformas y cambios en el sistema aduanero del país. Antes de esto, el sistema aduanero en México se consideraba ineficiente y corrupto, lo que afectaba negativamente el comercio y la economía del país.

En 1993, se promulgó la Ley Aduanera, que estableció un nuevo marco legal para el comercio exterior en México.

Esta ley estableció nuevas reglas y procedimientos para la importación y exportación de bienes, y estableció una serie de medidas para combatir la corrupción en el sistema aduanero. En los años siguientes, se llevaron a cabo una serie de reformas y mejoras en el sistema aduanero de México, incluyendo la implementación de nuevas tecnologías y la simplificación de los procedimientos aduaneros. A pesar de estos avances, la modernización aduanera en México sigue siendo un tema importante, ya que todavía existen desafíos en términos de transparencia y eficiencia en el sistema aduanero del país. En la actualidad, México ha implementado aún mas mejores mecanismos y herramientas para mejorar el despacho aduanero y simplificación de los tramites ante las dependencias por medio de la VUCEM que es la ventanilla única de comercio exterior de México para realizar todo tipo de tramites y permiso previos a la importación/exportación, además que también se integró tecnología no intrusiva para mejorar los procesos de inspección y agilizar el despacho aduanero.

La integración de estas tecnologías no intrusivas ha permitido una mayor eficiencia y rapidez en los procesos de inspección en las aduanas de México, lo que ha contribuido a mejorar la seguridad y la eficiencia del comercio internacional.

La tecnología de reconocimiento no intrusivo (tecnología NII) se refiere al equipo de tecnología o a las máquinas de rayos X o rayos gama que cuentan con equipo de imagen que permite el reconocimiento de la carga sin la necesidad de abrir el medio de transporte para descargarla.

Como bien se sabe, el reconocimiento aduanero es una de las formalidades del despacho aduanero, el cual consiste en el examen físico y documental de las mercancías, realizado –por un verificador designado– para corroborar la veracidad de lo declarado en la aduana; y es el mecanismo de selección automatizado el que determina si debe practicarse o no.

Los medios no intrusivos son utilizados como herramienta auxiliar para el desempeño de las facultades de inspección dentro del recinto fiscal, que consiste en un sistema del cual mediante la emisión de radiación electromagnética, se obtienen imágenes que facilitan la exploración del contenido de contenedores, paquetes, equipajes y medios de transporte transportadas en contenedores o compartimentos de carga Para llevarlo a cabo, las autoridades aduaneras, en ejercicio de sus facultades, pueden emplear los sistemas, equipos tecnológicos, cualquier otro medio o servicio con que se cuente y que facilite el reconocimiento, la inspección o la verificación de las mercancías.

La industria maquiladora y manufacturera de exportación es un pilar del crecimiento económico y de la creación de empleos en México. Actualmente México cuenta con 6,179 programa IMMEX autorizado por Secretaria de Economía y de los estados más destacados con mas empresas IMMEX seria Tijuana que tiene 949 empresas con programa IMMEX, le sigue Monterrey con 847 empresas IMMEX, cabe mencionar que hoy es apenas Julio 2023 y no está contemplada la empresa de nueva generación TESLA, tenemos a Guadalajara con 428 empresa IMMEX, le sigue Cd Juarez que es frontera con U.S con 347 empresas IMMEX, Querétaro con 32.

Entre los estados Saltillo, Mexicali y Leo tienen de 200 a 250 empresas IMMEX, y para San Luis Potosí, Celara entre los dos estados de 186 a 180, tenemos a Reynosa y Puebla con un promedio de 160 empresas IMMEX, como ven, la tendencia y el promedio es a la baja, por ejemplo Hermosillo y Chihuahua hay de 157 a 143 y para Toluca con 133 empresas IMMEX, Matamoros con 126 Empresas IMMEX y nogales con 124. Estos fueron los estados más destacados que en total nos da 5,271 empresas IMMEX.

Como dato extraoficial también las IMMEX autorizadas cuentan al mismo tiempo con un programa PROSEC. Actualmente hay en México 4,032 programas autorizados, del cual las mismas empresas IMMEX que ya fueron mencionadas también tiene un programa PROSEC, no todas, pero si algunas de ellas, el programa PROSEC también es usado por importadores que quieren bajar la tasa gravable del impuestos general de importación, cabe mencionar que la una mercancía importada al amparar de un programa PROSEC no quiere decir que la autoridad me quite el cien por ciento del arancel, no lo hace pero si baja el porcentaje del arancel y al mismo tiempo baja la base gravable del impuestos al valor agregado.

Dicha práctica es muy beneficiosa para muchos importadores de mercancías extranjeras que son no originarias.

Prácticas desleales de comercio internacional.

A principios del siglo XX, cuando algunos países comenzaron a utilizar medidas proteccionistas para limitar la importación de bienes extranjeros y promover sus propias industrias nacionales, estas medidas incluían aranceles aduaneros, cuotas de importación y otras barreras comerciales.

Sin embargo, a medida que el comercio internacional se expandió y se hizo más complejo, los países comenzaron a utilizar prácticas comerciales más sofisticadas y a menudo injustas para obtener ventajas competitivas sobre sus rivales. Estas prácticas incluían **dumping** (venta de productos a precios inferiores al costo de producción), subsidios a la exportación y medidas antidumping para proteger a las industrias nacionales de la competencia extranjera.

Para abordar estas prácticas, la Organización Mundial del Comercio (OMC) estableció el Acuerdo sobre Prácticas Desleales de Comercio en 1994 como parte del conjunto de acuerdos que conforman la OMC. Donde menciona las definiciones jurídicas y hablando en términos generales, el acuerdo de la OMC autoriza a los gobiernos a adoptar medidas contra el dumping cuando se ocasione un daño grabe a la rama de producción nacional de cada país importador, pero para poder adoptar esas medidas el gobierno debe demostrar que existe dumping.

El mismo GATT autorizo a los países a adoptar medidas contra el dumping. La medida antidumping consiste en aplicar un derecho de importación adicional a un producto determinado de un país exportador determinado para lograr que el precio de dicho producto se aproxime al "valor normal" o para suprimir el daño causado a la rama de producción nacional en el país importador.

De la misma manera México adopto sus propias barreras arancelarias para proteger la rama de producción nacional de las mercancías bajo dumping y está regulado por la ley del comercio exterior en su título V de las prácticas desleales de comercio internacional, que las describe como, aquellas importaciones de mercancías en condiciones de discriminación de precios o de subvenciones en el país exportador, se le conoce a la discriminación de precios, a la introducción de mercancías al territorio nacional a un precio inferior a su valor normal, y el valor normal es el precio comparable de una mercancía idéntica o similar que se destine al mercado interno del país.

La aplicación de las cuotas compensatorias y los precios estimados son medidas reconocidas en México para subsanar el daño grave que ha causado la importación de una mercancía extranjera en condiciones de discriminación de precios, es decir el ingreso a territorio nacional de una mercancía a un precio inferior a su valor normal dentro del mercado nacional, la autoridad le determina una cuota compensatoria antes del ingreso, y dicha mercancía debe pagar el porcentaje de la cuota compensatoria mas el impuesto normal de la mercancía, ejemplo. CC = 35% + IGI 7% . Se debe de pagar el 42% sobre el valor factura.

En el marco de la OMC, los acuerdos sobre antidumping establecen las reglas y procedimientos que los países miembros deben seguir al investigar y aplicar medidas antidumping. Estas reglas buscan garantizar que las medidas antidumping no sean utilizadas de manera arbitraria o discriminatoria, y que se utilicen solo cuando se cumplan criterios establecidos.

La determinación de dumping para una mercancía se basa en una investigación exhaustiva por parte de las autoridades de comercio, que recopilan y analizan datos para determinar si los productos importados están siendo vendidos a precios inferiores al valor normal y si esto está causando daño a la industria nacional. Para el caso de México Secretaria de Economía debe de hacer una investigación basada en tres hechos, uno en el precio, dos en el daño y tres en el nexo causal entre el daño sufrido para la industria nacional y el precio a cual se importa, con dichos elementos es posible armar un caso y presentarlo ante la autoridad.

La autoridad mexicana ya tiene un avance significativo en temas de investigación de cuotas compensatorias independientemente del país de origen, por ejemplo China,

Taiwán o Estados Unidos. Actualmente ya existe una base de datos muy grande en el sistema aduanero mexicano que le permite saber de manera inmediata si dicha mercancía está sujeta a una cuota compensatoria sin la necesidad de empezar con la investigación, esto no quiere decir que no se paga la cuota compensatoria si no se ha iniciado una investigación, la CC se paga independientemente de los actos y hechos jurídicos pendientes o no pendientes.

Si uno de ustedes me cuestiona que opinión tengo de las medidas antidumping, les pudiera decir que a estas alturas ya los mismo gobiernos lo ven como políticas comerciales, como un instrumento para presionar a otro gobierno y algunas de las veces, son usadas para negociar bajo la manga, se vuelven medida proteccionistas con fines políticos.

Las medidas de salvaguarda vienen en la ley de comercio exterior y son también utilizadas para regular y restringir temporalmente las mercancías extranjeras y son una de las facultades del gobierno, aplicar este tipo de medidas a las mercancías extranjeras, son aplicadas por medio de los aranceles, como el arancel especifico, ad-Valorem, permisos previos, o cupos o la combinación de ambos, por mencionar algunas mercancías, sería el acero, alambrón, tubos de acero, tornillos de acero, láminas de acero y textiles así como temas agrícolas.

Un claro ejemplo práctico de entender es, cuando un productor mexicano está experimentando desabasto de su producto, por cuestiones de fuerza mayor, digamos; un tornado se llevó toda la cosecha de aguacates, el trabajo de la autoridad es bajar los aranceles de los aguacates para regular el desabasto en el mercado nacional, una vez que el daño este arreglado se regresa el arancel del aguacate a su porcentaje original para no afectar la rama de producción nacional, únicamente aplica para causas justificadas, otro ejemplo es cuando se tiene poca producción de una mercancía que se consume mucho en Mexico, pero por alguna razón hay muy poca producción o escases, el gobierno mexicano eleva el arancel a esa mercancía cuando se tengan planes de hacer él envió para estados unidos o simplemente fuera de Mexico, se agrega un arancel alto a esa mercancía para que la poca producción se quede en territorio nacional, seria desalentar la exportación para abastecer el mercado mexicano, y para la aplicación de los permisos previos a la importación y los cupos de importación es necesarios conseguir la autorización por parte de la dependencia reguladora, la dependencia analizara por medio de un estudio si es viable autorizar el permio o negarlo, de igual manera la autoridad revisara si el ingreso de la mercancías no va a afectar a la industria mexicana y al consumidor nacional, por último la función del cupo, son licitaciones y se tiene que esperar a que la secretaria convoque una apertura de un cupo del cual será un tipo como máximo de mercancía para que se pueda importar, por ejemplo 1000 kilos. Como veras, la misma finalidad de proteger siempre al productor nacional. Existe la ley del comercio exterior en México el cual protege a todos a aquellos productos de la rama de producción nacional, un su primer artículo recita textualmente que la presente ley tiene por objeto regular y promover el comercio exterior, incrementar la competitividad de la economía nacional, propiciar el uso eficiente de los recursos productivos del país, integrar adecuadamente la economía mexicana con la internacional, defender la planta productiva de prácticas desleales del comercio internacional y contribuir a la elevación del bienestar de la población, dicha ley al mencionar solo población se refiere a que es de aplicación de orden público en toda la república, sin perjuicio o no podrá ir contra lo que dispone los tratados, acuerdos o convenios internacionales, la aplicación corresponde al ejecutivo federal por medio de la secretaria de economía.

Ese una de las facultades del ejecutivo, crear, aumentar, disminuir o suprimir aranceles, así como regular, restringir o prohibir las exportaciones, importaciones o circulación de las mercancías o bien establecer las medida para regular o restringir la circulación.

La OMC, el GATT y su función principal.

La Organización Mundial del Comercio (OMC) es una organización internacional que tiene como objetivo principal fomentar y regular el comercio internacional entre sus países miembros, fue fundada en 1995, con sede en Ginebra, Suiza y cuenta con 164 países miembros. La función principal de la OMC es establecer reglas y normas para el comercio internacional, con el objetivo de promover la liberalización del comercio y reducir las barreras comerciales entre los países miembros, además se encarga de la supervisión y el cumplimiento de estas normas, así como de resolver las disputas comerciales entre los países miembros, es la única organización internacional que se ocupa de las normas que rigen el comercio entre los países.

La OMC se financia principalmente a través de las contribuciones de sus países miembros, cada país miembro aporta una cuota anual basada en su participación en el comercio mundial y en su capacidad económica, se utilizan para financiar los gastos operativos de la organización, incluyendo los salarios de sus empleados.

Para el año 1995 el comercio internacional estaba de fiesta porque existió un gran cambio con la creación de la OMC, desde el final de la segunda guerra mundial, antes de la OMC existió el GATT que es la que se encargaba del comercio de las mercancías, se le conoce por sus siglas acuerdo general sobre aranceles aduaneros y comercio y fue creado en 1948 con el fin de fomentar el comercio internacional y reducir los aranceles porque después de la Segunda Guerra Mundial, la mayoría de los países del mundo experimentaron una serie de dificultades económicas, incluyendo la escasez de bienes y la falta de divisas extranjeras. En este contexto, se consideró que la eliminación de las barreras comerciales podría contribuir a la recuperación económica de los países, así como a fomentar la cooperación internacional y la paz.

EL GATT Fue creada por un grupo de países que se reunieron en Estados Unidos, Estos países, que incluían a Estados Unidos, Reino Unido, Canadá, Australia, Nueva Zelanda, Francia, Países Bajos, Bélgica, Luxemburgo, Noruega y Dinamarca, buscaron establecer un marco multilateral para el comercio internacional después de la Segunda Guerra Mundial. El objetivo principal de estos países al crear el GATT era reducir los aranceles aduaneros y otras barreras al comercio internacional, lo que se consideró esencial para el crecimiento económico y la cooperación internacional en la posguerra, además de que se basó en el principio de la cláusula de la nación más favorecida, que establece que un país debe tratar a todos los demás miembros de manera igualitaria en cuanto a las tarifas arancelarias y otras barreras comerciales.

Para entonces México aún no confiaba en las políticas comerciales ofrecidas por el GATT, hasta después de mucho tiempo en el año 1986 se unió al GATT convirtiéndose en uno de los primeros países latinoamericanos en adherirse al sistema multilateral de comercio. Desde entonces, México ha sido un miembro activo del GATT y, posteriormente, de la Organización Mundial del Comercio (OMC), trabajando junto con otros países miembros para promover el comercio libre y justo y para resolver disputas comerciales internacionales de manera pacífica.

Como miembro del GATT y la OMC, México ha participado en numerosas negociaciones comerciales multilaterales y bilaterales, y ha implementado una serie de reformas comerciales y económicas en línea con las normas y reglas internacionales del comercio.

Si México se retirara de la OMC, podría enfrentar mayores barreras arancelarias y no arancelarias en sus exportaciones a otros países, lo que afectaría su comercio internacional y su economía en general. Además, México perdería la capacidad de participar en las negociaciones comerciales multilaterales y bilaterales que se llevan a cabo en la OMC, y no podría hacer uso de los mecanismos de solución de controversias de la organización en caso de disputas comerciales con otros países.

En total, la OMC engloba 17 acuerdos multilaterales, es decir, basados en el principio que se conoce como el trato de la nación más favorecida (NMF), Con 153 países miembros y 28 en proceso de adhesión, es el foro comercial más importante a nivel mundial. Sus funciones son: administrar y vigilar la implementación de los acuerdos existentes, (proveer un foro de negociación comercial, resolver las diferencias comerciales, examinar las políticas comerciales nacionales, cooperar con otras organizaciones internacionales para promover coherencia en la formulación de políticas económicas a nivel mundial y proveer asistencia técnica en materia comercial para los países en desarrollo.

Además, la OMC elabora publicaciones de gran interés para la comunidad comercial, La Conferencia Ministerial, órgano supremo de decisión, está compuesta por ministros de todos los Miembros y debe reunirse una vez cada dos años. La OMC constituye un sistema jurídico propiamente dicho, cuyos dos principales atributos son: sus normas jurídicamente vinculantes, y sus dispositivos para asegurar el respeto de éstas basado en un mecanismo de solución de diferencias, el cual incluye un Órgano de Apelación, cuyas recomendaciones también son vinculantes.

La Misión Permanente de México ante la OMC, que depende de la Secretaría de Economía, tiene la función de representar a México ante todos los foros y órganos multilaterales de la OMC, tanto permanentes como en los de negociación, cabe mencionar que esta en planes de proponer a actual director de Aduanas de México (ANAM) Rafael Marin Mollinedo, como embajador de la OMC, hoy 07 Julio 2023 los legisladores aun no se deciden por un si o por un no.

Tratado entre México, Estados Unidos y Canadá.

Como se ha mencionado antes en este libro, el nuevo tratado USMCA que entró en vigor el 1ro de julio 2020 para reemplazar al anterior tratado TLCAN y que tiene como objetivo mejorar y actualizar las normas comerciales entre los tres países. Hoy el TMEC cuenta con 34 capítulos, con la nueva entrada del USMCA podría comenzar una nueva etapa del comercio internacional en la región de Norteamérica, esto debido a los nuevos cambios y adiciones de nuevos capítulos, recordemos que el anterior TLCAN solo contaba con 22 capítulos y sin olvidar mencionar que ahora ya no se podrá usar un certificado de origen, si no una certificación que solo pide cumplir con requisitos mínimos de información que hacen referencia a ciertos datos que están establecidos en el propio acuerdo.

Para la certificación de origen, se debe de presentar dicho documento, una certificación o bien una factura donde indique los requisitos mínimos de informacion para poder solicitar una preferencia arancelaria, esto da mucho de que pensar porque parece ser que este acuerdo llega para dar efecto a la facilitación aduanero en los tres países, haciendo un acuerdo relevante y moderno en tramites administrativos.

El contenido actual del TMEC, que lo conforman los 32 capítulos, ha hecho posible que hoy en la actualidad miles de empresas extranjeras miren a Mexico como un país fuerte, sustentable, con mano de obra de calidad y además que ven a México como una plataforma logística, con buenos mecanismos para el manejo del despacho de mercancías que los importadores y exportadores realizan, gracias al incremento de las importaciones en México ha crecido la proveeduría nacional, y con esto se ha creado un nuevo modelo de negocio en Mexico, hoy el gobierno mexicano ha puesto los ojos en este nuevo modelo, en relocalización de la inversión extranjera, de manera que no solo gana al continuar incrementado las importaciones, si no también está ganando en las enajenaciones de tierras.

Hoy la nueva tendencia es la relocalización de empresas extranjeras para gozar de los beneficios que contiene el acuerdo comercial USMCA y al mismo tiempo buscar estrategias para el acercamiento de insumos a las empresas manufactureras.

El NEARSHORING en México.

Las interrupciones de la cadena de suministro global de la era COVID-19 y los cambios en la economía global están haciendo que las empresas reevalúen sus opciones de abastecimiento y mudarse a México. Antes de la pandemia, muchas empresas dependían en gran medida de China para la fabricación y producción de bienes. Sin embargo, la interrupción masiva de las cadenas de suministro durante la crisis del COVID-19 llevó a muchas empresas a reconsiderar su dependencia de un solo proveedor y buscar opciones más cercanas.

El NEARSHORING se ha vuelto cada vez más popular en los últimos años, especialmente como el nuevo Tratado entre México, Estados Unidos y Canadá (T-MEC). El NEARSHORING se refiere a la estrategia de trasladar la producción o los servicios de una empresa a un país cercano geográficamente en busca de ventajas económicas y operativas, en lugar de hacerlo en un país lejano. El objetivo principal del NEARSHORING es reducir costos y aumentar la eficiencia, sin sacrificar la calidad de los productos o servicios ofrecidos.

Para las empresas extranjeras que buscan invertir en México, el NEARSHORING puede ofrecer una serie de ventajas competitivas, como menores costos de transporte y logística, mayores niveles de control y supervisión, una mayor afinidad cultural y lingüística, y una mayor flexibilidad en la regulación laboral, fiscal y aduanera.

Además, México cuenta con una serie de ventajas para el NEARSHORING, como su ubicación geográfica estratégica, su mano de obra de calificada y su amplia red de acuerdos comerciales con otros países y regiones, también cuenta con una gran cantidad de parques industriales y zonas económicas especiales que ofrecen incentivos fiscales y otras ventajas para la inversión extranjera, se ha vuelto cada vez más popular en México debido a la combinación de factores, como la renegociación del T-MEC, las buenas políticas comerciales, las ventajas competitivas de México, y la creciente demanda de producir y comercializar a nivel regional.

Gracias a los gobiernos de México, Estados Unidos y Canadá y a la decisión de fortalecer la amistad y continuar trabajando con una sólida cooperación económica que se ha estado desarrollando a través de la simplificación del tratado de libre comercio TMEC, ahora países extranjeros están interesados en hacer uso del nuevo modelo NEARSHORING, porque, cual es el atractivo de este nuevo moldeo?

Supongamos que una empresa de tecnología con sede en Europa desea reducir los costos de producción y aumentar su eficiencia en la entrega de productos a sus clientes en América del Norte. En lugar de establecer una fábrica en

Asia, esta empresa decide utilizar el modelo de NEARSHORING y establecer una sede en México.

Al establecerse en México, la empresa puede disfrutar de varios beneficios. En primer lugar, México cuenta con una mano de obra calificada y a costos competitivos en comparación con Europa o Estados Unidos. Esto le permitirá a la empresa reducir sus costos laborales y mejorar su rentabilidad.

En segundo lugar, México está geográficamente cerca de los Estados Unidos, lo que permite a la empresa reducir el tiempo y los costos de envío de sus productos a sus clientes en América del Norte. Además, México tiene acuerdos comerciales con varios países, lo que facilita la exportación de productos a nivel internacional.

El NEARSHORING significa trasladar la fabricación a un país cercano o transferir procesos de fabricación a una ubicación geográfica más inmediata, en la que la empresa puede beneficiarse de la cercanía, el horario, la cultura, el idioma, la economía y la política comercial. Hoy en la actualidad existen algunos términos similares, como RESHORING y OFFSHORING, pero en esencia significan cosas diferentes.

El auge del NEARSHORING en México no ha dejado de crecer en la última década por varias razones. En primer lugar, los constantes conflictos comerciales entre Estados Unidos y China han provocado incertidumbre en lo que respecta al precio y la calidad de la producción, además de preocupaciones sobre la protección de la propiedad intelectual.

Parece que más adelante la idea del NEARSHORING será muy exitosa en México debido a que empresas estadounidenses siguen dependiendo en gran medida de la mano de obra para ofrecer los productos que desean sus clientes, y esto puede traer una gran demanda de trabajo y por ende mas flujo de materias primas. Una de las soluciones más rentables hoy en día, es aumentar la cantidad de trabajo realizado en México; en otras palabras, NEARSHORING a México.

También está el fenómeno llamado RESHORING, a qui es para detectar amenazas como por ejemplo, crisis sanitarias, o cambios en el gobierno, guerras comerciales o la misma inestabilidad económica de un país, cuando el país se encuentre en esta situación, cada empresa tomara la decisión de mover su operación al lugar de origen, es decir regresar la producción.

OFFSHORING, en el comercio internacional puede ser el traslado de la producción de una empresa que procesa de una filial o corporativo y él envió lo haga al extranjero para aprovechar los costos más bajos, o bien que exista un operación en el exterior pero que pertenezca a la misma empresa o corporativo.

Todos los fabricantes extranjeros, tanto grandes como pequeños, son bienvenido a México cada vez que busquen relocalizar sus nuevos modelos de negocios, con esta estrategia las empresas estadounidenses, canadienses y europeas tendrán la posibilidad de relocalizar sus plantas productivas en México que anteriormente se encontraban en Asia, de este manera las empresas extranjeras podrán beneficiarse de todas las oportunidades de los tratados de libre comercio, en el caso de México que tiene el T-MEC disponible y es un acuerdo comercial importante que busca actualizar y modernizar el tratado anterior entre Estados Unidos, México y Canadá. Si bien, ofrece algunas ventajas para los inversores, también tiene ciertas desventajas. En general, el T-MEC es un acuerdo que busca fomentar la inversión y el comercio entre los tres países, y puede ser beneficioso para los inversores que se ajusten a sus disposiciones.

La implementación del T-MEC/USMCA/CUSMA puede beneficiar tanto al sector privado como a los proveedores nacionales. El sector privado puede obtener acceso a mercados más grandes, protección de inversiones, reglas claras y predecibles, mejoras en la eficiencia y la competitividad. Por otro lado, los proveedores nacionales importadores pueden hacer uso de las preferencias arancelarias para evitar el pago de los impuestos al comercio exterior. Para entender más a profundidad sobre el tratado, puedes consultar la explicación de cada uno de los capítulos del T-MEC, dentro de los cambios que México tuvo con la llegada del nuevo acuerdo, también se trabajó con una nueva versión de las aduanas, nueva versión y nuevo personal; de aduana México paso a ser ANAM y es importante dejar como precedente que durante el sexenio del presidente actual AMLO decretó el 14 de julio de 2021 el DOF la creación de la nueva Agencia Nacional de Aduanas de México (ANAM) que reemplazo a la Administración General de Aduanas (AGA) y además de separarla del sistema de administración tributaria (SAT).

La ANAM es responsable de administrar los puertos, aeropuertos y fronteras del país, y de controlar la entrada y salida de bienes, mercancías y personas. La Agencia Nacional de Aduanas de México (ANAM) es un órgano administrativo desconcentrado de la Secretaría de Hacienda y Crédito Público encargado en la administración de las aduanas en México, se responsabiliza de la gestión y funcionamiento del sistema aduanero del país aplicando en todo momento la legislación mexicana a las mercancías de comercio internacional. El gobierno de México ha encomendado a las 50 aduanas del país una actividad principal que es la recaudación de impuestos y fortalecer el sistema aduanero para garantizar servicios eficientes a la exportación e importación, reforzar la seguridad nacional en los puntos de acceso al país y armonizar los procesos aduaneros y de inspección con los acuerdos internacionales para eliminar barreras comerciales y propiciar el libre comercio.

En la entrada en vigor de la ANAM, las aduanas como interiores, fronterizas y marítimas se encuentran administradas por secretaria de marina y secretaria de la defensa nacional, (Ejercito)

Capítulo 1

Disposiciones Generales del TMEC.

1.1 Establecimiento de una Zona de libre comercio

Las Partes, de conformidad con el Artículo XXIV del GATT de 1994 y el Artículo V del AGCS, establecen una zona de libre comercio.

El establecimiento de una Zona de Libre Comercio es un enfoque visionario y progresista que busca promover el libre comercio, la cooperación económica y el crecimiento sostenible. Al eliminar las barreras comerciales, se abren nuevas oportunidades para las empresas, se estimula la inversión y se fomenta el desarrollo económico. En última instancia, una Zona de Libre Comercio aspira a crear un entorno de prosperidad compartida, donde los países colaboran en beneficio mutuo y construyen un futuro de mayor integración y bienestar para sus ciudadanos.

Además, las Zonas de Libre Comercio fomentan la especialización y la diversificación de la producción, ya que los países pueden aprovechar sus ventajas comparativas para producir bienes y servicios de manera más eficiente y a menor costo. Esto a su vez promueve la innovación, la transferencia de tecnología y el desarrollo de industrias más competitivas en los países participantes.

El Artículo XXIV del GATT Indica que las disposiciones del acuerdo se aplicarán a los territorios aduaneros metropolitanos de las partes contratantes, así como a cualquier otro territorio aduanero que haya sido aceptado de acuerdo con el artículo XXVI o se aplique según el artículo XXXIII o el Protocolo de Aplicación Provisional.

Esto significa que el acuerdo se aplica tanto a los territorios principales de las partes contratantes como a otros territorios aduaneros que han sido incluidos en el acuerdo a través de aceptaciones específicas o mecanismos establecidos en los artículos mencionados.

Cuando hace mención de esta parte, o territorio de una parte, se está refiriendo a una de las partes contratantes del acuerdo, en cuestión se utiliza para referirse a una de las partes involucradas en un acuerdo, es una forma de hacer referencia a una de las entidades participante en el acuerdo, por ejemplo, "Esta parte" se refiere a México en el contexto del acuerdo comercial (TMEC). Cuando se menciona "esta parte" en el TMEC, se está haciendo referencia específicamente a México como una de las partes contratantes del acuerdo. En diversas secciones del TMEC, se utilizan frases como "esta parte" para referirse a los derechos y obligaciones aplicables a México como parte del acuerdo, también cuando se hace referencia al país de otra parte se refiere a EEUU (USMCA) o Canadá (CUSMA).

1.2 Relación con otros acuerdos

Cada Parte confirma sus derechos y obligaciones existentes entre ellas conforme al Acuerdo sobre la OMC y otros acuerdos en los cuales esa Parte y otra Parte sean parte.

Debemos de saber que los acuerdos y tratados de libre comercio siempre el país importador y el país exportador se referirá como a las partes contratantes, país parte y país de otra parte de un acuerdo específico, y establece que cada una de esas partes confirma los derechos y obligaciones existentes entre ellas. Estos derechos y obligaciones se rigen por el Acuerdo sobre la Organización Mundial del Comercio (OMC) y otros acuerdos en los cuales ambas partes sean parte.

Cuando se menciona "esa parte y otra parte", se está haciendo referencia a dos partes contratantes específicas por ejemplo, un país extranjero contra un país domestico involucradas en acuerdos o tratados. La frase se utiliza para indicar que los derechos y obligaciones confirmados se aplican entre estas dos partes, o dos países específicos. Es decir, cada parte reconoce los derechos y obligaciones existentes entre ellas en el marco de los acuerdos en los que ambas son parte. Por ejemplo, si consideramos el contexto del Acuerdo (TMEC), las partes contratantes son México, Estados Unidos y Canadá. Si se menciona "esa parte y otra parte" en referencia a México y Estados Unidos, significa que ambos países confirman los derechos y obligaciones existentes entre ellos en virtud del TMEC y otros acuerdos en los que México y Estados Unidos sean parte, como el Acuerdo sobre la OMC.

Confirmar los derechos y obligaciones hace referencia a que México, Estados Unidos y Canadá están de acuerdo y aceptan el acceso a los mercados, la protección de la propiedad intelectual, la inversión extranjera, además los países miembros se comprometen a respetar y garantizar beneficios y ventajas, esto puede incluir la eliminación de barreras arancelarias, trato no discriminatorio a los bienes y acceso igualitario a los mercados.

1.3 Personas que Ejercen Facultades Gubernamentales Delegadas

Cada Parte asegurará que una persona a la que se le haya delegado una facultad regulatoria, administrativa u otra facultad gubernamental por una Parte actúe de conformidad con las obligaciones de esa Parte establecidas en este Tratado en el ejercicio de esa facultad.

Cada Parte del tratado se compromete a garantizar que cualquier persona a la que se le haya otorgado autoridad regulatoria, administrativa u otra facultad gubernamental por parte de una Parte (país) en particular, actúe de acuerdo con las obligaciones establecidas en el Tratado al ejercer dicha facultad, cada Parte tiene la responsabilidad de supervisar y asegurarse de que las personas a las que se les ha delegado la autoridad para tomar decisiones regulatorias, administrativas o cumplan con las obligaciones establecidas en el Tratado.

La finalidad de esta disposición es garantizar que las acciones y decisiones tomadas por las personas que ejercen la autoridad gubernamental estén alineadas con los compromisos y obligaciones establecidos en el Tratado. De esta manera, se busca mantener la coherencia y consistencia en el cumplimiento de los estándares y normas acordados entre las Partes.

Cada una de las Partes (País) tiene la responsabilidad de garantizar que las personas a las que se les ha otorgado autoridad gubernamental cumplan con las obligaciones establecidas en el Tratado al ejercer dicha facultad, esto busca asegurar que las decisiones y acciones de dichas personas estén en línea con los compromisos y estándares acordados en el Tratado, promoviendo así un cumplimiento coherente y transparente de las disposiciones del mismo.

Es importante decir que el TMEC no será exitoso sin la participación de empresarios de los tres países, ya que juegan un papel vital en el intercambio de mercancías y en la inversión extranjera. El TMEC está ayudando a dar forma a la economía mexicana formalizando mas iniciativas de inversión en cada región, estado y ciudad del país, está creando empleos, y al mismo tiempo promueve el comercio por medio de tecnología y todo mecanismo que pueda ayudar a impulsar el crecimiento económico del país y garantizar una mano de obra de calidad.

Sabemos que México ha abierto la puerta a varios países con el fin de convertir al país en una maquina exportadora, el mundo está globalizando muy rápido en temas de comercio internacional, pero México no es la excepción para aprovechar las oportunidades extranjeras y continuar hacia un camino lleno de retos y con una visión impulsadora a una nueva unión americana, tal y como lo es hoy la unión europea.

1.4 Definiciones Generales

Acuerdo **ADPIC** significa el Acuerdo sobre los Aspectos de los Derechos de Propiedad Intelectual relacionados con el Comercio y regular y normar todo lo que este protegido por derechos de autor, marcar de fabrica o de comercio, patentes, protección de la informática, indicaciones geográfica, circuitos integrados y prácticas anticompetitivas, los miembros están obligados a cooperar entre si con el objetivo de eliminar mercancías que infrinjan en el derecho de propiedad intelectual.

Acuerdo **Antidumping** significa el Acuerdo Relativo a la Aplicación del Artículo VI del Acuerdo General sobre Aranceles Aduaneros y Comercio, y son las acciones unilaterales que puede aplicar un miembro después de haber realizada una investigación y formulado una determinación, con arreglo a las disposiciones del Acuerdo Antidumping en el sentido de que el producto importado es "objeto de dumping.

Acuerdo de Valoración Aduanera significa el Acuerdo Relativo a la Aplicación del Artículo VII del Acuerdo General sobre Aranceles Aduaneros y Comercio de 1994, contenido en el Anexo 1A del Acuerdo sobre la OMC, establece cómo determinar el valor en aduana en los casos en que no pueda determinarse con arreglo a ninguno de los artículos anteriores. Cada nación o país dentro de su legislación aduanera tiene mecanismos para determinar el valor de un mercancías cuando no se pueda determinar en primer instancia.

Acuerdo MSF significa el Acuerdo sobre la Aplicación de Medidas Sanitarias y Fitosanitarias, contenido en el Anexo 1A del Acuerdo sobre la OMC; es un componente importante del sistema de comercio internacional y tiene como objetivo principal garantizar que las medidas sanitarias y fitosanitarias adoptadas por los países miembros de la OMC, se refieren a aquellas relacionadas con la protección de la salud humana, animal o vegetal, y abarcan aspectos como la inocuidad de los alimentos, el control de enfermedades y plagas, y la calidad de los productos agrícolas.

Acuerdo SMC significa el Acuerdo sobre Subvenciones y Medidas Compensatorias, contenido en el Anexo 1A del Acuerdo sobre la OMC, ("Acuerdo SMC") trata dos cuestiones distintas pero íntimamente relacionadas: las disciplinas multilaterales que rigen la concesión de subvenciones, y la aplicación de medidas compensatorias para neutralizar el daño causado por las importaciones subvencionadas.

Acuerdo sobre la OMC significa el Acuerdo de Marrakech por el cual se establece la Organización Mundial del Comercio, hecho en Marrakech el 15 de abril de 1994.

Acuerdo sobre Salvaguardias significa el Acuerdo sobre Salvaguardias, contenido en el Anexo 1A del Acuerdo sobre la OMC. (Medidas de urgencia sobre la importación de productos determinados), de restablecer el control multilateral sobre las salvaguardias y de suprimir las medidas que escapen a tal control; Reconociendo la importancia del reajuste estructural y la necesidad de potenciar la

competencia en los mercados internacionales en lugar de limitarla; y reconociendo además que, a estos efectos, se requiere un acuerdo global, aplicable a todos los Miembros y basado en los principios fundamentales del GATT de 1994.

 AGCS significa el Acuerdo General sobre el Comercio de Servicios, contenido en el Anexo 1B del Acuerdo sobre la OMC; Se define el comercio de servicios como el suministro de un servicio, del territorio de un Miembro al territorio de cualquier otro Miembro, a un consumidor de servicios, por un proveedor de servicios.

Arancel aduanero incluye un arancel o cargo de cualquier tipo aplicado a o en relación con la importación de una mercancía, y cualquier forma de sobretasa o recargo aplicado en relación con tal importación, sin por ningún motivo incluir cargos equivalentes, derecho antidumping o cuotas compensatorias.

GATT de 1994 significa el Acuerdo General sobre Aranceles Aduaneros y Comercio de 1994, contenido en el Anexo 1A del Acuerdo sobre la OMC.

Ilícito aduanero, se refiere a cualquier acción realizada con el objetivo de evadir las leyes o regulaciones de una parte en relación con las disposiciones de un tratado que regula las importaciones, exportaciones o el tránsito de mercancías a través de los territorios involucrados.

Individuo significa una persona física.

Inversión cubierta se refiere a una inversión realizada por un inversionista de una parte en el territorio de otra parte. Esta inversión puede existir en el momento en que el tratado entra en vigor o puede ser establecida.

Material recuperado significa un material en forma de una o más partes individuales que resulte del desensamble de una mercancía usada en partes individuales, por medio de la limpieza, inspección, prueba u otro procesamiento de aquellas partes que sean necesarias para la mejora de las condiciones de funcionamiento.

Medida sanitaria o fitosanitaria significa una medida referida en el párrafo 1 del Anexo A del Acuerdo MSF.

Mercancías significa un bien, producto, artículo o material, cada país tendrá la libertad de nombra en su legislación aduanera el termino mercancía.

Mercancías de una Parte significa productos nacionales según se entienden en el GATT de 1994 o aquellas mercancías que las Partes puedan acordar, e incluye las mercancías originarias de una Parte, o bien mercancías nacionales.

Nacional significa una "persona física que tiene la nacionalidad de una Parte" es decir (México, US y CA) según se establece a continuación para cada Parte o un residente permanente de una Parte.

Originario significa que califica como originario conforme a las reglas de origen establecidas en el Capítulo 4 (Reglas de Origen) o el Capítulo 6 (Mercancías Textiles y Prendas de Vestir)

Partida significa los primeros cuatro dígitos del número de clasificación arancelaria del Sistema Armonizado.

Subpartida significa los primeros seis dígitos del número de clasificación arancelaria del Sistema Armonizado.

Persona de una Parte significa un nacional o una empresa de una Parte.

programa de diferimiento de aranceles incluye medidas tales como las que rigen zonas libres, importaciones temporales bajo fianza, almacenes de depósito fiscal, maquiladoras y programas de procesamiento interno, esta medida es aplicadas por empresas IMMEX.

Reglamentaciones Uniformes significa las reglamentaciones descritas en el Artículo 5.16 (Reglamentaciones Uniformes).

TLCAN de 1994 significa el Tratado de Libre Comercio de América del Norte, que entró en vigor el 1 de enero de 1994.

Trato arancelario preferencial significa la tasa arancelaria aplicable a una mercancía originaria.

Territorio, para México significa el territorio terrestre, incluidos los estados de la federación y la ciudad de México, y el espacio aéreo y las aguas interiores, el mar territorial y cualquier zona más allá de los mares territoriales de México. Para Estados Unidos incluye los 50 estados el distrito de Colombia y Puerto Rico incluyendo los mares territoriales y el espacio aéreo. Para Canadá el territorio terrestre, espacio aéreo, aguas interiores y mar territorial conforme con el derecho internacional.

Las disposiciones iniciales y definiciones generales del capítulo 1 del TMEC establece los principios básicos y las definiciones que se aplican a todo el acuerdo y el marco institucional para el USMCA, incluida la Comisión de Libre Comercio (FTC) y la Secretaría. Una de las disposiciones más importantes del Capítulo 1 es el establecimiento de un área de libre comercio entre los Estados Unidos, México y Canadá. Esto significa que los bienes, servicios, inversiones y propiedad intelectual pueden moverse libremente entre los tres países, sujeto a los términos del acuerdo.

El trato nacional, en la coyuntura del TMEC, significa que los bienes, servicios, inversiones y propiedad intelectual de una parte deben recibir un trato no menos favorable que los bienes, servicios, inversiones y propiedad intelectual de otra parte. Esto significa que las empresas extranjeras deben recibir el mismo trato que las empresas nacionales en cada uno de los tres países, además lo explicare con mas a detalle durante este viaje en los capítulos del TMEC.

La Secretaria de Economía es el brazo administrativo del T-MEC, es responsable de brindar apoyo al organismo de toma de decisiones de más alto nivel del T-MEC, está integrado por los ministros de comercio de los tres países, Conforme al artículo 30.1 (Establecimiento de la Comisión de Libre Comercio) del T-MEC, las Partes establecieron una Comisión de Libre Comercio (Comisión), compuesta por representantes del gobierno de cada Parte a nivel de Ministros o por las personas a quienes estos designen.

La comisión de libre comercio se diseñó con el fin de buscar mejorar la coordinación y la Consulta para apoyar el mantenimiento de los flujos comerciales en situaciones de emergencia.

La comisión deberá de reconocer la interpretación de los flujos comerciales, pueden tener impactos negativos y significativos sobre las economías nacionales, y en la competitividad, así como también puede inhibir la recuperación oportuna de una emergencia.

Además reconoce y acepta que la cooperación eficaz para abordar los retos creados por la interrupción de los flujos comerciales en una situación de emergencia requiere que cada parte cuente con procedimientos internos, como coordinar las acciones de sus organismos relevantes a nivel de gobierno central, coordinar entre los niveles central y regional y consultar con las industrias y otras partes interesadas no gubernamentales, incluyendo los trabajadores, cada país deberá identificar sus organismos pertinentes a nivel de gobierno y establecer un comité nacional u otro a nivel gobierno, para coordinar las actividades relacionadas con el mantenimiento o para abordar temas relacionados con la interrupción de los flujos comerciales.

Cada una de las partes deberá de establecer mecanismos para adoptar o mantener la coordinación y consulta oportuna ente sus niveles de gobierno central y regional con todo tema relacionado con el tema de interrupción de flujo comercial, así como también deberán de coordinar y consultar con las industrias y otras partes interesadas no gubernamentales y deberán ser publicados en un sitio web de manera gratuita con acceso público a los temas que tengan que ver con la interrupción de los flujos comerciales para el TEMC-USMCA y CUSMA.

Capítulo 2

Trato Nacional y Acceso a Mercados.

El principio de "Trato Nacional" es fundamental en los tratados de libre comercio y se refiere al trato igualitario que un país otorga a los productos, servicios y ciudadanos de otro país miembro del acuerdo. Bajo este principio, los países se comprometen a no discriminar a los productos o servicios de los otros países miembros en comparación con los productos o servicios nacionales. Esto implica que los bienes y servicios extranjeros deben recibir el mismo trato que los bienes y servicios nacionales en términos de impuestos, regulaciones, requisitos de licencia y otros aspectos relacionados con el comercio.

El tema de "Acceso a Mercados" se relaciona con la apertura y la eliminación de barreras comerciales arancelarias para permitir el flujo de bienes y servicios entre los países miembros. Esto implica la reducción o eliminación de aranceles aduaneros, cuotas de importación y otras restricciones que puedan dificultar el acceso a los mercados extranjeros.

El objetivo es fomentar un comercio más libre y equitativo, facilitando el acceso de los productos y servicios de cada país miembro a los mercados de los demás países miembros.

El capítulo **"Trato Nacional y Acceso a Mercados"** son pilares fundamentales de los tratados de libre comercio, que buscan fomentar un comercio más justo y abierto entre los países miembros. Estos principios promueven la igualdad de condiciones y el acceso equitativo a los mercados, lo que beneficia tanto a las empresas como a los consumidores al estimular la competencia, la innovación y el crecimiento económico. A través de la eliminación de barreras comerciales.

El capítulo II del TMEC está compuesto por 17 artículos y sus anexos, donde nos empieza a explicar la importancia de algunas definiciones como el acuerdo sobre las licencias de importación que por lo general hace referencia a que se encuentran dentro del anexo 1A del acuerdo sobre la OMC, y para efectos del TMEC nos da dos significados diferentes para la definición de **consumido,** que puede ser efectivamente consumido o, adicionalmente procesada o manufacturada de forma que logre un cambio sustancial para efectos de preferencias arancelarias.

Para indicar al responsable de la distribución comercial el acuerdo lo tiene identificado como **distribuidor** que es la persona de una parte y es el responsable de la distribución de la mercancía. En la dependencias federales será posible hacer los trámites para las licencias de importación y esto se requiere de un procedimiento administrativo que requiere de una solicitud distinta a los procedimientos aduaneros.

Dentro del mismo capitulo, el acuerdo nos muestra como en el contexto de definición nos pone aquellos materiales que son publicitarios impresos y son todas aquellas mercancías clasificadas en el capítulo 49 de la TIGIE, como folletos, hojas sueltas, catálogos comerciales, anuarios publicados por asociaciones comerciales, y todos aquellos materiales que sean utilizados para hacer publicidad.

También da como definición a las mercancías admitidas para propósitos deportivos, que significa admitidos en el territorio de la parte importadora para uso de competencias deportivas, exhibiciones o entrenamiento deportivos en el territorio de la parte.

Los medios de comunicación visual o materiales de audio grabados que exhiben a clientes potenciales la naturaleza o el funcionamiento de mercancías son conocidas ahora con el nuevo acuerdo como películas y grabaciones publicitarias. Además de que nos da cuatro conceptos diferentes para identificar lo que es una prueba suficiente para efectos aduaneros, un recibo, o una copia en el cual se compruebe el pago de una arancel por una importación, o una copia del documento de importación en el que conste que se recibió por una autoridad aduanera, o una copia de una determinación final de una autoridad aduanera respecto a los aranceles, o cualquier otra prueba del pago de un arancel admisible de conformidad.

Para efectos del acuerdo comercial TMEC se acepta que México acepte una sola copia del recibo donde se compruebe el pago del arancel aduanero, eso sería como prueba suficiente, mas los otros tres conceptos, ya mencionado.

Ahora el TMEC viene con nuevas obligaciones en temas de requisito de desempeño que para efectos de comercio internacional se refiere a una condición o demanda específica que se establece en el ámbito de la actividad aduanera. Estos requisitos están diseñados para regular el flujo de bienes y servicios a través de las fronteras, con el objetivo de proteger los intereses nacionales, promover la competitividad y garantizar la equidad en el comercio, también pueden abarcar una variedad de aspectos relacionados con el comercio, como la exportación, la importación, los aranceles aduaneros, las licencias de importación y la producción nacional. Estos requisitos pueden tener diferentes objetivos, como fomentar la producción local, reducir la dependencia de las importaciones, equilibrar la balanza comercial o promover la entrada de divisas al país.

los requisitos de desempeño en temas aduaneros son condiciones o demandas establecidas en el ámbito del comercio internacional.

Un requisito de desempeño está definido dentro del capítulo 2.1 del TMEC como hacer exportaciones a un determinado nivel o porcentaje de mercancías o de servicios, se tendrá que analizar un porcentaje por medio de controles para determinar el requisito de desempeño en las exportaciones, o sustituir una mercancía o servicio importado por una mercancía o servicio nacional de la Parte que otorga la exención de un arancel aduanero o licencia de importación, En otras palabras, cuando un país ofrece una exención de arancel o una licencia especial para importar determinados bienes o servicios, se puede exigir que aquellos que se beneficien de estas medidas den preferencia a los productos o servicios nacionales en lugar de los importados.

que la persona beneficiada de una exención de un arancel aduanero o de una licencia de importación compre una mercancía o servicio en el territorio de la Parte que otorga la exención de aranceles aduaneros o la licencia de importación, u otorgue una preferencia a una mercancía o servicio de producción nacional.

Este requisito de desempeño se presenta más complejo, pero básicamente se refiere a una exención de una arancel aduanero y una licencia de importación, en relación con una compra de mercancía y un servicio.

El cumplir con un porcentaje de contenido regional es importante como un requisito de desempeño ya que la persona beneficiada de una exención de un arancel aduanero o de una licencia de importación produzca una mercancía o suministre un servicio, en el territorio de la Parte que otorga la exención de aranceles aduaneros o la licencia de importación, con un determinado nivel o porcentaje de contenido nacional.

Para el penúltimo requisito de desempeño hace alusión a que una mercancías importada y adquiera preferencia arancelaria debe de cumplir con la regla de origen especifica, la beneficiada de una exención de un arancel aduanero o de una licencia de importación produzca una mercancía o suministre un servicio, en el territorio dela Parte que otorga la exención de aranceles aduaneros o la licencia de importación, con un determinado nivel o porcentaje de contenido nacional.

Ultimo y quito concepto de requisito de desempeño, menciona que debemos relacionar de cualquier manera el volumen o valor de las importaciones con el volumen o valor de las exportaciones o con el monto de la entrada de divisas, este concepto tal parce que involucra la participación de entidades de gobierno donde este monitoreando la balanza comercial, las políticas de comercio exterior y el control de las divisa. En otras palabras, implica considerar la relación entre las cantidades y los valores de los bienes y servicios que un país importa y exporta, así como la cantidad de divisas que entran al país como resultado de esas transacciones comerciales.

Se deberá asociar o relaciones dicho concepto para poder determinar aprobatorio el requisito de desempeño.

Posteriormente exportada, donde sea que se vea este concepto en cualquiera de los capítulos del TMEC debe de hacer referencia a que es un requisito de desempeño y usada como material en la producción de otra mercancía que posteriormente sea exportada, nuevamente se identifica el requisito de desempeño para las mercancías usadas en la producción de otra mercancía, al igual que las mercancías sustituidas por mercancías idénticas o similares usadas en la producción de otra mercancías para que posteriormente sean exportadas.

Los automóviles, camiones, autobuses o vehículos automotor para propósitos especiales son llamados también **vehículos usados.** Sin incluir las motocicletas que haya sido vendida, arrendada o prestada, o haya sido conducido por más de 1,000 kilómetros si el vehículo tiene un peso menor a cinco toneladas métrica o, 5,000 kilómetros si el vehículo tiene un peso bruto igual a cinco toneladas, o si fue fabricado con anterioridad al año en cuero y al menos hayan transcurrido 90 días a partir de la fecha de fabricación.

Trato Nacional se refiere a una disposición dentro de un acuerdo o tratado comercial, que establece la obligación de otorgar a los productos, servicios o inversiones extranjeras un trato no menos favorable que el otorgado a los productos, servicios o inversiones nacionales en el territorio del país miembro. En otras palabras, el principio de trato nacional busca evitar la discriminación entre los productores o proveedores nacionales y extranjeros en términos de regulaciones, impuestos, aranceles, subsidios u otras medidas relacionadas con el comercio. La idea central es garantizar la igualdad de condiciones y oportunidades para los actores comerciales de diferentes países dentro del territorio del acuerdo.

"Mutatis mutandis" es una locución latina que se utiliza en el ámbito jurídico y se traduce como "cambiando lo que deba ser cambiado" o "haciendo las modificaciones necesarias". Se utiliza para indicar que un texto, una regla o una disposición se aplica con los cambios necesarios en una situación similar, pero con algunas diferencias específicas.

El mutatis mutandis son parte integral de las reglas interpretativas y sus notas para la aplicación para efectos de que se pueda hacer una adecuada adaptación de la disposición normativa a las necesidades del mismo acuerdo comercial TMEC.

Menciona el acuerdo que cada parte otorgará trato nacional a las mercancías de otra parte (US & CA), el trato deberá otorgar con respecto a un nivel regional de gobierno, un trato no menos favorable que el nivel regional de gobierno otorgue a cualesquier mercancía, directamente competidoras o sustituibles.

Las mercancías que se ingresen de un país parte de (US y CA) se les deberá dar un trato como si fueran nacionales, esto es el concepto de trato nacional.

En este contexto, el "trato" se refiere a las regulaciones, políticas y medidas aplicadas por un nivel regional de gobierno (por ejemplo, un estado o una provincia) en relación con las mercancías. El objetivo es asegurar que estas medidas no sean menos favorables que las que se otorgan a las mercancías similares de la otra Parte en ese mismo nivel regional de gobierno.

Esto significa que si un nivel regional de gobierno en una Parte otorga un trato preferencial a ciertas mercancías similares provenientes de la otra Parte, entonces ese mismo nivel regional de gobierno no puede otorgar un trato menos favorable a las mercancías similares de la Parte de la cual forma parte.

El trato nacional es un principio del derecho comercial internacional que exige que los países traten los bienes y servicios importados de manera no menos favorable que los bienes y servicios producidos en el país. Esto significa que las empresas extranjeras deben tener el mismo acceso a los mercados, las mismas exenciones fiscales y el mismo tratamiento regulatorio que las empresas nacionales.

Digamos que un país tiene una ley que exige que todas las empresas paguen un impuesto del 10 % sobre los bienes importados, esa misma ley también debe aplicarse a los bienes producidos en el país. Si el país eximiera del impuesto a los bienes de producción nacional, esto constituiría una violación del trato nacional.

La mayoría de los expertos en tratados internacionales apoyan el mismo criterio, otro ejemplo de trato nacional son los requisitos de concesión de licencias de un país para los servicios. Si un país exige que las empresas extranjeras obtengan una licencia para prestar un determinado servicio, el mismo requisito debe aplicarse también a las empresas nacionales. Si el país renunciara al requisito de licencia para las empresas nacionales, esto sería una violación del trato nacional.

El trato nacional es un principio importante del derecho comercial internacional porque ayuda a garantizar que las empresas extranjeras tengan una oportunidad justa de competir en el mercado nacional. Sin trato nacional, las empresas extranjeras podrían estar en desventaja frente a las empresas nacionales, lo que podría distorsionar el mercado y perjudicar a los consumidores. Hay ejemplos reales de como ver el trato nacional a las mercancías de comercio internacional. En 2004, Estados Unidos impugnó el régimen de importación de bananas de la Unión Europea en la OMC. El régimen de la UE otorgó un trato preferencial a las bananas de las antiguas colonias europeas, lo que discriminó a las bananas de otros países, incluido Estados Unidos. La OMC dictaminó que el régimen de importación de banano de la UE violaba el trato nacional, esto debido a que la UE tuvo preferencia con otros países y con U.S fue una situación diferente.

El trato nacional es un principio importante del derecho comercial internacional que ayuda a garantizar que las empresas extranjeras tengan una oportunidad justa de competir en el mercado nacional. Es un componente clave del sistema de comercio de la Organización Mundial del Comercio (OMC) y se ha utilizado para desafiar con éxito las prácticas comerciales discriminatorias en el pasado

Que se entienda que la definición de **tratamiento de aranceles aduanaros ubicado en el artículo 2.4 del mismo TMEC.** Según mi criterio, es la gestión o el manejo de los impuestos aplicados a las mercancías de procedencia extranjera, independiente mente del país de origen. El presente acuerdo nos dice lo siguiente, salvo que se disponga lo contrario en este tratado, ninguna parte incrementara cualquier arancel aduanero existente, o adoptará cualquier nuevo arancel aduanero, sobre una mercancía originaria. Este criterio viene a la necesidad de incrementar la cadena de valor para que la economía de los países se solidifique ya que ambas economías dependen muchos entre sí.

El numeral dos del mismo artículo nos menciona que cada parte aplicará sus aranceles aduaneros sobre las mercancías originarias de conformidad con el anexo 2-B (compromiso arancelarios) de los cuales asumieron cada uno de los países, por otra parte en el numeral tercero nos explica que a petición de una parte, las partes realizaran consultas para considerar acelerar la eliminación de aranceles previstos en la lista 2-B, para tales fines, las autoridades aduaneras de cada uno de los países deberán forzosamente hacer consultas para aplicar el mencionado acuerdo a las mercancías de comercio internacional.

Para la aplicación de los aranceles aduaneros sobre las mercancías originarias, una parte podrá acelerar en cualquier momento de manera unilateral, es decir actuar por cuenta propia, la eliminación de aranceles contenidos en la lista 2-B de compromisos aduaneros. Cada parte tiene la libertad de hacerlo si así lo deciden, con independencia que el ejecutivo pueda hacer cambios también con previo aviso, ya sea por fuerza mayor, motivos de sanidad o tiempos de pandemia, ya que es una de las facultades del ejecutivo, cancelar, o prohibir el tránsito y la introducción de mercancías de comercio exterior.

La económica del sector automotriz y las cadenas de valor que se han creado en México y US, requirieron un trato especial para sus insumos importados y están nombrados en el TMEC en su Anexo 2-C (Disposiciones entre México y los Estados Unidos sobre mercancías automotriz) y con fundamento en el numeral quinto del artículo 2.4 del TMEC, en donde menciona que el anexo 2-C contiene disposiciones adicionales entre México y US relacionadas con los aranceles sobre mercancías automotrices que no son originarias de conformidad con el capítulo 4 (Reglas de Origen) en este capítulo requiere de un tratamiento especial para la certificación de un mercancías, hay supuesto de los cuales se puede determinar la región de una mercancías que los podemos encontrar en las reglas de origen, sin embargo en el anexo 2-C podemos encontrar que en dicho anexo, no aplica a las mercancías originarias que califiquen para tratamiento arancelario preferencial conforme al capítulo 4 del TMEC, que sean importadas a México y que sean vehículos para pasajeros clasificados en las subpartidas **8703.21 a la 8703.90** y camiones ligeros clasificados en las subpartidas **8704.21 o 8704.31** o las misas autopartes pensionadas en este Apéndice.

El arancel aduanero aplicado por los Estados Unidos a los vehículos para pasajeros importados desde México clasificados en la subpartidas 8703.21 a la 8703.90 y que no califiquen como originarios, no excederá del 2.5 por ciento o la tasa de arancel nación más favorecida de los US al momento de la importación de la mercancía, y para los camiones ligeros clasificados en las subpartidas 8704.21 u 8704.31 que no califiquen como originarios, no excederá del 25 por ciento o la tasa del arancel nacional más favorecida, para los aranceles aduaneros de las autopartes que no califiquen como originarios y se encuentren listadas en el Apéndice de este anexo, no excederá el menor porcentaje de la tasa del arancel nacional más favorecida al momento de importar a US.

Si US implementa medidas para incrementar la tasa arancelaria, con el de proteger la capacidad de México para exportar vehículos se aplicara lo siguiente, el arancel aplicado por US no excederá del 2.5 por ciento siempre que el vehículo cumpla con contenido regional de al menos 62.5 por ciento bajo el método del costo neto y el arancel aplicado a las autopartes que no califiquen como originarias no excederá la tasa de NMF (nación más favorecida) , siempre que la autoparte cumpla con un requisito de contenido regional de al menos 50 por ciento por debajo del método del costo neto, o 60 por ciento bajo el método del valor de transacción.

México monitoreará, asignará y administrará las cantidades de vehículos para pasajeros y el valor de las autopartes elegibles para trato preferencial, y para los aranceles aplicados a los vehículos clasificados en las subpartidas 8703.21 a 8703.90 por arriba de lo montos ya mencionados será el arancel nacional más favorecido aplicado por los US.

Y los vehículos ya mencionados estarán sujetos al capítulo 5 del TMEC.

Programas de devolución y Diferimiento de Aranceles Aduaneros, son medidas o programas implementados por los gobiernos para proporcionar beneficios adicionales a los importadores en términos de aranceles aduaneros. Estos programas buscan fomentar la competitividad, incentivar las inversiones y promover el comercio exterior, por ejemplo en la devolución de aranceles aduaneros; Este programa permite que los importadores obtengan un reembolso de los aranceles aduaneros pagados al importar determinadas mercancías. La devolución se realiza después de cumplir ciertos requisitos, como cumplir con ciertas condiciones de origen, utilizar las mercancías en actividades específicas (por ejemplo, procesamiento, fabricación, transformación, reparación y exportación a un país parte.

La devolución de aranceles aduaneros puede tener el propósito de promover el desarrollo de sectores específicos de la economía, atraer inversiones extranjeras, fomentar la producción local o incentivar la exportación de productos.

El diferimiento de aranceles aduaneros: Este programa permite a los importadores aplazar el pago de los aranceles aduaneros exigidos al momento de la importación. En lugar de pagar los aranceles de inmediato, se establece un período de tiempo durante el cual el pago se retrasa, también tiene como objetivo brindar liquidez a los importadores y facilitar el comercio internacional.

"Diferir" significa posponer, aplazar o retrasar algo para un momento posterior. En el contexto de los aranceles aduaneros, el "diferimiento de aranceles" se refiere a la práctica de posponer el pago de los aranceles aduaneros exigidos al momento de importar mercancías, Cuando se diferencia el pago de los aranceles, el importador no está obligado a pagar los aranceles inmediatamente al momento de la importación. En cambio, se establece un período de tiempo durante el cual el importador puede posponer el pago de los aranceles aduaneros. Durante este período de diferimiento, la mercancía puede ser liberada y entregada al importador sin el pago inmediato de los aranceles.

El diferimiento de aranceles ofrece beneficios y ventajas tanto para el importador como para la empresa en términos de liquidez y flujo de efectivo. El importador puede utilizar los fondos que se habrían destinado al pago de los aranceles para otros fines, o bien destinarlos como ahorros. Las empresas que cuente con programas de fomento a las exportaciones pueden aplicar mecanismos para evitar los impuestos aduaneros indicando que dichas mercancías no están sujetas a impuestos aduaneros para posteriormente exportar a países parte.

Un ejemplo de un Programa de Devolución y Aplazamiento de Derechos de Aduana es el programa IMMEX en México. El programa IMMEX permite a las empresas importar materias primas y bienes a México para su posterior procesamiento, libre de impuestos y aranceles, siempre que los productos terminados se reexporten dentro de los 18 meses. Esto significa que las empresas que participan en el programa IMMEX pueden evitar el pago de aranceles aduaneros sobre los bienes importados, lo que les puede ahorrar una cantidad importante de dinero.

El programa IMMEX Industria Manufacturera Maquiladora y de Servicios de Exportación, es una iniciativa implementada por el gobierno de México con el objetivo de fomentar la inversión extranjera y promover la exportación en el sector manufacturero y de servicios. El programa ofrece una serie de beneficios fiscales y aduaneros a las empresas que participan en actividades de producción de bienes y servicios destinados a la exportación, El programa IMMEX permite a las empresas importar temporalmente insumos, materias primas y componentes libres de impuestos y aranceles para su uso en la producción de bienes destinados a la exportación.

Otro beneficio importante del programa IMMEX es la posibilidad de solicitar la devolución de los impuestos pagados en la importación de insumos y bienes utilizados en la producción de bienes destinados a la exportación. Esta devolución contribuye a mejorar la liquidez de las empresas y reducir su carga fiscal, lo que les permite reinvertir en su operación y expandir su capacidad productiva, utilizando el artículo 2.5 del TMEC.

Además, el programa IMMEX se gestiona aplicando las disposiciones que establece el decreto IMMEX, ley aduanera, ley del comercio exterior y las RGCE vigentes, y como parte importante dentro de la CPEUM en su artículo 131 donde menciona que el gobierno federal tiene la facultada para grabar las mercancías que se importen y exporten o así como también regular las mercancías que pasen a tránsito por territorio nacional, además que entró en vigor el 13 Nov del 2006.

El Programa PROSEC: Este programa brinda incentivos para que las empresas exporten bienes que se fabrican en México utilizando insumos de producción nacional. Las empresas que participan en el Programa PROSEC pueden reclamar la devolución de los derechos de aduana que hayan pagado por los insumos importados, siempre y cuando los productos terminados sean exportados dentro de un plazo determinado.

El Programa de la Regla Ocho: Este programa permite a las empresas importar bienes a México para uso temporal, como exhibición o reparación. Las empresas que participan en el Programa de la Regla Ocho están exentas del pago de derechos de aduana sobre las mercancías importadas, siempre que las mercancías sean exportadas o reimportadas dentro de un determinado período de tiempo, están sujetas a la aplicación de la regla octava aquellas mercancías que se importen bajo a amparo de un programa IMMEX, y también para las operaciones definitivas aplican, siempre que tengan un PROSEC disponible.

Para variar el gobierno mexicano implemento la reforma hacendaria que entro en viro en enero del 2014 y trajo cambios en las importaciones temporales para las empresas IMMEX, ahora las empresas maquiladoras debe de pagar el IVA a las mercancías extranjeras con excepción de que cada una de las empresas mantengan una certificación IVA & IEPS para evitar el impuesto al valor agregado por las mercancías importadas, son certificaciones que controla la autoridad federal por medio del órgano desconcentrado de SCHP - (SAT). Del cual se subdividen por tres modalidades, " A, AA, y AAA".

Los programas de fomento a las exportaciones son usados en México por las empresas maquiladoras, así como importadores de mercancías con pedimento definitivo, con el fin de diferir o bien hacer el reclamo de los impuestos pagados de aquellas mercancías no originarias, utilizando el programa DRAWBACK solo para importaciones definitivas, también se tiene el programa PROSEC, en este programa no se tiene la obligación de exportar, el programa PROSEC nos da la facilidad de pagar un impuesto al comercio exterior menor que al original para mercancías no originarias, y por último está el programa IMMEX.

Los programas de promoción de exportaciones son iniciativas gubernamentales que tienen como objetivo ayudar a las empresas a exportar sus productos y servicios.

Estos programas pueden proporcionar una variedad de beneficios, como asistencia financiera, y el no pago de impuestos al comercio exterior.

Los programas de fomento a las exportaciones ya fueron mencionados anteriormente, estos programas elevan la competitividad de las empresas y permiten su incorporación al mercado nacional, Generalmente, los programas de fomento al comercio exterior se desarrollan por tipos de industria, así que es importante saber cuáles existen para la nuestra y cuáles son los requisitos para participar, el programa IMMEX es uno de los programas de fomento al comercio exterior más importante para las medianas y grandes empresas que desean abrirse a mercados extranjeros, ya que su principal objetivo es acelerar y facilitar los trámites burocráticos, así como aumentar la liquidez de efectivo en relación al IVA, y sus posteriores certificaciones.

En la actualidad hay varios comentarios sobre colegas, que dicen que un programa IMMEX no es atractivo porque ahora todas las mercancías están obligadas al pago de impuestos al valor agregado. Para evitar el IVA tendrás que solicitar tramites adicionales para poder solicitar una certificación ya sea A, AA o AAA, esto con la autoridad competente.

Si eres un empresa que cumple con todos los requisitos que solicite la autoridad (SAT) entonces podrás ser acreedor a cualquier certificación que el perfil de tu empresa cumpla. Pero por que la autoridad (SAT) es la encargada de llevar acabo dichas tareas de certificación, de acuerdo al articulo 25 del reglamento interior del SAT, donde menciona que la administración general de auditoria de comercio exterior le compete por indicaciones de la fracción 73 del artículo 25. Lo siguiente.

Autorizar y, en su caso renovar o cancelar la certificación en materia de los impuestos al valor agregado y especial sobre producción y servicios respecto de los asuntos a que se refiere este artículo, además de llevar a cabo cualquier otro acto que establezcan las disposiciones ficales y aduaneras, con el propósito de verificar el cumplimiento de las obligaciones de los contribuyentes referentes a dicha autorización.

Para el seguimiento al trámite se deberá de evaluar, tramitar, aceptar, rechazar o cancelar, según proceda las garantías que se otorguen respecto de los impuestos al valor agregado que se causen por motivos de las importaciones temporales, además de autorizar y disminuir dichas garantías para garantizar el interés fiscal.

TMEC Programa de devolución y Diferimiento de aranceles aduaneros.

Menciona que ninguna parte reembolsará el monto de los aranceles aduaneros pagados, ni eximir o reducir el monto de los aranceles adeudados, en relación con las mercancías importadas, a condición de que la mercancía sea exportada al territorio de otra parte, o usada como un material en la producción de otra mercancías y posteriormente exportada al territorio de otra parte, o sustituida por una mercancía idéntica o similar exportada a territorio de otra parte, en un monto donde no excede el menor entre el monto total de aranceles pagados, sobre la importación a su territorio y el monto total de aranceles pagados a otra parte en relación con la mercancía exportada.

Cuando se menciona de un monto no debe de exceder el menor entre el monto total de aranceles en importación y el monto total de aranceles pagado en exportación, se refiere a que si el producto final paga aranceles, este no debe de pagar aranceles al momento de importar la mercancía, es decir, la materia prima se puede diferir, para luego aplicar el 2.5 antes 303 TLCAN.

Ninguna parte reembolsará, eximirá o reducirá aranceles a menos que sea exportada, o no reducirá un derecho antidumping o compensatorio, si una mercancía se importa al territorio de una parte de conformidad con un programa de diferimiento de aranceles y se exporta al territorio de otra parte, o se utiliza como material en la producción de otra mercancía exportada al territorio de otra parte, o se sustituye por una mercancía idéntica o similar utilizada como un material en la producción de otra mercancía y es exportada al territorio de otra parte, la parte cuyo territorio se exportó la mercancía determinara el arancel aduanero como si la mercancía exportada se hubiera destinado al consumo interno y podrá eximir o reducir el arancel aduanero, aplicando los criterios siguientes.

Dentro los 60 días naturales siguientes a la fecha en que se haya transmitido el pedimento que ampare el retorno, se deberá determinar IGI correspondiente a los bienes retornados, la excepción que les corresponda, y en su caso, efectuar el pago del monto del impuesto que resulte a su cargo, mediante un pedimento complementario.

Una vez establecido dicho plazo, se deberá efectuar la rectificación correspondiente mediante pedimento, para que proceda la devolución o compensación del monto del IGI. Cuando la persona que efectúe el retorno no aplique la exención, deberá determinar y pagar el IGI correspondiente por las mercancías no originarias del T-MEC de procedencia extranjera, aplicando la tasa que corresponda, Para estos efectos, se determinará dicho impuesto considerando el valor de las mercancías determinado en moneda extranjera.

Se deberá tener como evidencia el documento donde demuestre el pago total de los aranceles aduaneros pagados en otro país parte (US). Si dentro de los 60 día a partir de la fecha de exportación no se presenta prueba suficiente del arancel adeudado pagado a la mercancía que se exporto conforme a un programa de diferimiento de aranceles, la parte cuyo territorio se exporto la mercancía cobrara el monto del arancel adeudado como si la mercancía exportada se hubiera destinado al consumo interno, es decir, independientemente que se hubiera exportado a U.S si no se presentan pruebas suficientes para solicitar la devolución, no podrá ser aplicable, y deberá de pagar los aranceles adeudados.

El diferimiento de aranceles se puede hacer en tres partes, la primera es al momento de la importación segunda, al momento de la exportación o bien tercera, tomando el periodo dentro de los 60 días a partir de la exportación por medio de pedimento complementario. Debemos considerar que únicamente se debe de aplicar a las mercancías no originarias y que se introduzcan a un país parte y posteriormente se exporten a otro país parte. Es importante saber que las importaciones a un país parte de insumos no originarios y posteriormente son retornadas al extranjero distinto a un país parte, es decir diferente a Estados Unidos y Canadá, tampoco estaría sujeto al pago del impuesto general de importación por los insumos no originarios.

Digamos que Importas una mercancía a México y dicha mercancía es no originaria y pagas un monto de 5 USD, tu mercancía entro a un proceso de producción para convertirse a un producto terminado y posteriormente dicha mercancía es exportada a un país de otra parte pagando 2 UDS, y si ya pagaste impuestos en la importación y te das cuenta de que también a la exportación vas a pagar, es en ese momento cuando se hace la formula.

Donde el acuerdo dice que se exime el menor de los impuestos y estarías pagando en México 3 USD, en este sentido se evitaría la doble tributación, respecto de los bienes importados bajo un programa de diferimiento de aranceles, y deberán cumplir con lo dispuesto en la resolución TMEC. Si seguiste el sentido de la formula seria 5 USD por importación y 2 USD por exportación, a qui es donde se va a eximir el menor de los impuestos, y esto quedaría 3 USD pendientes de los cuales pagarías por tu mercancía importada.

La determinación y pago a que se refiere este párrafo, se deberán efectuar al tramitar el pedimento que ampare el retorno o mediante pedimento complementario, en un plazo no mayor a sesenta días naturales contados a partir de la fecha en que se haya tramitado el pedimento que ampare el retorno y las exportaciones.

Cuando no se aplique la exención a que se refiere la regla 6., de la Resolución del T-MEC y no se esté obligado al pago del IGI correspondiente por las mercancías no originarias del T-MEC de procedencia extranjera, por estar exentas de dicho impuesto, la determinación correspondiente se podrá efectuar en el pedimento que ampare el retorno, es decir, se tendrá que cerrar su operación normal. Además las empresas que no hacen el uso del artículo 2.5 del TMEC, es porque aplican PROSEC y regla octava para evitar los impuestos aduaneros.

El articulo 2.5 no podrá se aplicable a las mercancías que se importen bajo fianza, ni para las mercancías que se exporten al territorio de otra parte en la misma condición que se importó y para las mercancías que se importen y posteriormente se manden a una zona de libre de aranceles aduaneros. (DUTY FREE)

Las mercancías importadas y exportadas en su mismo estado pudieron haber sufrido lo siguiente , limpieza, inspección, clasificación, o marcado de una mercancía, o preservación de una mercancía en su misma condición, no se considerarán como un cambio de la condición de la mercancía, por lo que no aplica para articulo 2.5 TMEC. Y para temas de empresas con programa IMMEX es importante tomarlo en cuenta para el uso y control del anexo 24 sobre las importaciones de material que apliquen el supuesto de este párrafo.

Con el acuerdo TMEC México debe de hacer negociaciones con la inversión extranjera sin el compromiso de que las empresas cumplan con un requisito de desempeño, tal como lo tiene el vigente decreto IMMEX donde obliga a las empresas maquiladoras a cumplir con un valor de exportaciones por 500k USD o un equivalente en moneda nacional, o facturar el 10% de la facturación total. Ahora con el nuevo acuerdo excluye el compromiso de cumplir con un requisito de desempeño, menciona. Ninguna Parte adoptará o mantendrá cualquier exención de un arancel aduanero si la exención está condicionada, explícita o implícitamente, al cumplimiento de un requisito de desempeño.

El párrafo dice que ningún país puede dar o mantener exenciones de impuestos a las importaciones (aranceles) si esas exenciones dependen de cumplir ciertos requisitos de desempeño económico. En otras palabras, no se pueden recibir beneficios especiales en el comercio internacional si se exige lograr ciertas metas o condiciones específicas, que midan la productividad ya sea obligando a cumplir un porcentaje de producto, o el esfuerzo de lograr metas monetarias.

La **admisión temporal de mercancía** se refiere a un régimen aduanero que permite la entrada de mercancías en un país de forma temporal, con la condición de que se reexporten posteriormente sin sufrir modificaciones. En este régimen, las mercancías pueden ingresar al país sin tener que pagar los aranceles o impuestos de importación habituales, y se utilizan para actividades específicas, como exposiciones, eventos comerciales, reparaciones, pruebas o procesos de fabricación para productos de exportación, se podrán importar libre de arancel aduanero, equipo profesional, incluidos equipos de prensa o televisión, software y equipo de radio fusión y cinematografía y mercancías para propósitos deportivos.

ningún país parte puede imponer condiciones diferentes para permitir la entrada temporal y sin pagar aranceles de una mercancía. Esto indica que ningún país o lugar puede establecer requisitos o condiciones específicas, Se refiere a la entrada temporal de una mercancía en el país sin tener que pagar aranceles o impuestos de importación.

Para "a condiciones distintas": Esto significa que no se pueden aplicar condiciones diferentes o adicionales a la mercancía en comparación con otras mercancías bajo el mismo régimen de admisión temporal libre de arancel. En otras palabras, todas las mercancías deben ser tratadas de manera igualitaria y no se pueden imponer requisitos especiales o diferentes para una mercancía en particular. Además cada una de las partes deberá establecer mecanismos y procedimientos para otorgar permiso de importación temporal y cada parte deberá sujetarse a su ordenamiento jurídico para extender el límite de tiempo que sea superior al periodo inicial fijado.

Podrán hacer uso de los diferentes puertos aduaneros y podrán despachar por uno en específico siempre y cuando cada parte lo decida, cada una de las partes establecerá procedimientos para la administración de contenedores así como la llegada y liberación permitiendo permanecer dentro del territorio por 90 días.

Mercancías Reimportadas después de la Reparación o Alteración.

El articulo trata sobre las mercancías que fueron enviadas a otro país para ser reparadas o modificadas y posteriormente son traídas de vuelta (reimportadas) al país de origen, el acuerdo nos dice que ninguna parte aplicará un arancel a un mercancía, independientemente del origen, que reingrese a su territorio después de que haya sido exportada temporalmente desde su territorio al territorio de otra parte para ser reparada o alterada, sin importar si tal reparación o alteración pudo haber sido efectuada en el territorio de la parte desde la cual la mercancía fue exportada en el territorio desde la parte de la cual la mercancía fue exportada para reparación o alteración, o si ha incrementado el valor de la mercancía.

Se puede contemplar que el tratamiento arancelario preferencial lo podemos utilizar para las mercancías que sean reimportadas después de haber sido reparadas, o alteración en el extranjero.

El articulo 2.8 nos indica que los importadores no debemos de pagar un arancel a la mercancías originarias y no originarias que sean introducidas a territorio nacional, y que hayan sido previamente exportadas para ser reparadas o alteradas, y después ingresadas a territorio nacional.

Las empresas nacionales, IMMEX que generalmente exportan maquinaria o equipo para que sean reparadas o alteradas o cambien de valor al momento de su reparación o alteración, son las que gozaran de los beneficios del tratado, además que las empresas con un programa de diferimiento de aranceles, tal es el caso del programa IMMEX, se encuentra establecido que los países no aplicarán los aranceles conforme al artículo 2.5 del T-MEC, por la importación temporal cuando se destine a procesos de reparación o alteración.

El decreto IMMEX menciona que el importador no estará obligado al pago del arancel en la importación temporal de mercancías procedentes de U.S que únicamente se sometan a proceso de reparación o alteración y posteriormente se exporten al país parte así como las refacciones que se utilicen para dichos procesos.

Es un poco difícil entender cómo se maneja el artículo 2.8 del TMEC, por eso voy a dejar algunos ejemplos de cómo aplica el artículo. Esta disposición tiene por objeto facilitar el comercio entre los tres países mediante la reducción del costo de reparación o alteración de los bienes. Para ser elegible para el trato libre de impuestos bajo el Artículo 2.8, las mercancías deben cumplir con los siguientes requisitos, Deben haber sido exportados de los Estados Unidos a México o Canadá para reparación o alteración.

Deben ser devueltos a los Estados Unidos dentro de un año de haber sido exportados. Deben estar en el mismo estado en que se encontraban cuando fueron exportados, excepto por las reparaciones o alteraciones que se hayan realizado. Las reparaciones o alteraciones deben haber sido realizadas por una persona o entidad que esté autorizada para realizar dichas reparaciones o alteraciones en México o Canadá. Si los bienes cumplen con todos estos requisitos, serán elegibles para el tratamiento libre de impuestos cuando vuelvan a ingresar a los Estados Unidos. Por ejemplo, Un automóvil que se exporta a México para una reparación menor, como un faro roto. Una pieza de maquinaria que se exporta a Canadá para una revisión general. Una computadora que se exporta a México para una actualización de software, estos son algunos ejemplos de bienes que pueden ser elegibles para el trato libre de impuestos bajo el Artículo 2.8.

Si una maquinaria se importa a México aplicando el Artículo 2.8 del Acuerdo Estados Unidos-México-Canadá, estará sujeta a derechos e impuestos de importación en México, además de que debe de contener información adicional como lo es el acompañamiento de una factura comercial válida y un conocimiento de embarque, la maquinaria debe estar marcada con su país de origen, la maquinaria debe ser inspeccionada por funcionarios de la aduana mexicana. Si está importando maquinaria a México, es importante estar familiarizado con las leyes y regulaciones de importación mexicanas. También debe consultar con un agente de aduanal que se especialice en temas aduaneros, y experto en el capítulo 2 del TMEC, para efectos de aplicación del artículo 2.8 de las mercancías reimportadas para reparación.

En 2022, una empresa estadounidense exportó una máquina a México para su reparación. La reparación se completó en seis meses y la máquina se devolvió a los EE. UU. La empresa reclamó un trato libre de impuestos en virtud del artículo 2.8, y la Oficina de Aduanas y Protección Fronteriza (CBP) de los EE. UU. estuvo de acuerdo. El CBP determinó que la máquina cumplía con todos los requisitos para el trato libre de impuestos bajo el Artículo 2.8, incluido que fue exportada de los EE. UU., devuelta a los EE. UU. dentro de un año y en las mismas condiciones que cuando fue exportada. a excepción de las reparaciones que se realizaron.

Este ejemplo muestra cómo se puede utilizar el artículo 2.8 del TLCAN para reducir el costo de reparación de bienes que se exportan a México o Canadá. Esto puede ayudar a las empresas estadounidenses a competir de manera más eficaz en el mercado norteamericano. Estos son algunos otros ejemplos de cómo se puede aplicar el artículo 2.8 del TLCAN:

Una empresa estadounidense exporta un automóvil a Canadá para una revisión general. La revisión se completa dentro de un año y el automóvil se devuelve a U.S La empresa reclama un trato libre de impuestos en virtud del Artículo 2.8, y la CBP está de acuerdo.

Una empresa estadounidense exporta una computadora a México para una actualización de software. La actualización del software se completa dentro de los seis meses y la computadora se devuelve a U.S La empresa reclama un trato libre de impuestos en virtud del Artículo 2.8 y la autoridad CBP está de acuerdo.

La IMMEX, o la Industria Maquiladora y Manufacturera de Exportación de México, quiere el Artículo 2.8 porque permite que las empresas reparen o modifiquen bienes en México sin tener que pagar aranceles sobre los bienes reimportados. Esto puede ahorrarles a las empresas una cantidad significativa de dinero y también puede ayudar a mantener los empleos en México.

El artículo 2.8 también es importante porque ayuda a garantizar que las mercancías que se reimportan a México se encuentren en las mismas condiciones en que se encontraban cuando se exportaron. Esto ayuda a proteger a los consumidores y a garantizar que la calidad de los productos que se venden en México sea alta.

Estas fueron otras de las razones por las que IMMEX quiere el Artículo 2.8 y para el T-MEC continuo vigente. Puede ahorrar dinero a las empresas. Cuando las empresas tienen que pagar aranceles sobre bienes que han sido reparados o alterados en México, pueden agregar un costo significativo a sus operaciones. El Artículo 2.8 permite a las empresas evitar estos deberes, lo que les puede ahorrar mucho dinero.

Puede ayudar a mantener empleos en México. Cuando las empresas tienen que reparar o alterar productos en México, a menudo necesitan contratar trabajadores mexicanos para hacer el trabajo. esto ayuda a asegurar que estos trabajos permanezcan en México, lo cual es bueno para la economía mexicana.

Ayuda a garantizar la calidad de los productos. Cuando las mercancías se reparan o modifican en México, es importante asegurarse de que se devuelvan en las mismas condiciones en que se encontraban cuando se exportaron. El artículo 2.8 ayuda a garantizar esto al exigir que las mercancías se devuelvan en las mismas condiciones en que se encontraban cuando se exportaron.

En general, el Artículo 2.8 es una disposición beneficiosa tanto para las empresas como para la economía mexicana. Ayuda a ahorrar dinero a las empresas, mantener empleos en México y garantizar la calidad de los productos. El IMMEX es un fuerte partidario del Artículo 2.8, y creen que es una parte importante del T-MEC. Porque ayuda a ingresar la maquinaria a México sin el pago del impuesto general de importación, a qui es bueno mencionar que el impuestos al valor agregado seguirá siendo efectivo al momento de la importación pero únicamente por el valor del costo de la reparación de la maquinaria y no del valor total de la mercancía.

Solo recuerda que cuando tengas una operación de importación de una maquinaria no debes de pagar el impuesto al comercio exterior, debes de aplicar y cumplir los criterios de los que menciona el acuerdo TMEC en su artículo 2.8. Ninguna Parte aplicará un arancel aduanero a una mercancía, independientemente de su origen, que reingrese a su territorio después de que haya sido exportada temporalmente desde su territorio al territorio de otra Parte para ser reparada o alterada, sin importar si tal reparación o alteración pudo haber sido efectuada en el territorio de la Parte desde la cual la mercancía fue exportada para reparación o alteración, o si ha incrementado el valor de la mercancía.

Es importante considerar que una mercancía importada para tal fin no incluye las operaciones que destruyan las características esenciales de la mercancía o que de esa misma se utilice para hacer otra mercancía igual y querer cumplir con lo dispuesto en el artículo 2.8.

El TMEC es un acuerdo comercial integral que aborda una amplia gama de temas. Los 34 artículos proporcionan el marco para el comercio entre los Estados Unidos, México y Canadá y estamos definiendo el contexto del capítulo 2 que es el tramo nacional y acceso al mercado de mercancías, que no es menos importante que los demás capítulos.

Quiero agregar además la definición de un arancel, ya que se ha estado repitiendo en varias ocasiones dentro de este tema, puede que ya lo sepas, pero estoy seguro de que hay algunos lectores que aún no tiene el concepto o la idea de un arancel; Un arancel es un instrumento utilizado por los gobiernos para regular el comercio internacional y generar ingresos para el Estado. Consiste en un impuesto o gravamen que se aplica sobre las importaciones o exportaciones de bienes y servicios entre países, en pocas palabras es un impuestos al comercio exterior causado por las mercancías importadas.

Importación Libre de Arancel para Muestras Comerciales de Valor Insignificante y Materiales de Publicidad Impresos.

Este artículo se refiere a la exención de aranceles aduaneros para muestras comerciales de valor insignificante y materiales de publicidad impresos importados desde el territorio de otra parte, sin importar su origen, las muestras comerciales son productos o bienes que se importan con el propósito de ser mostrados o probados para fines comerciales, como exhibiciones en ferias, demostraciones o presentaciones a posibles clientes. Los materiales de publicidad impresos se refieren a folletos, catálogos, volantes u otros materiales impresos utilizados con fines promocionales.

La disposición establece que ninguna de las partes del acuerdo (México, Estados Unidos o Canadá) puede imponer un arancel aduanero a estas muestras comerciales o materiales de publicidad impresos, siempre y cuando cumplan con dos condiciones.

Que tengan un valor insignificante, el valor de las muestras comerciales y los materiales de publicidad debe considerarse insignificante. La definición precisa de "valor insignificante" puede variar en cada país y puede estar sujeta a regulaciones específicas. En general, se refiere a un valor nominal o de poco valor comercial.

Que sean Importados desde el territorio de otra parte: Las muestras comerciales y los materiales de publicidad deben ser importados desde el territorio de una de las partes del acuerdo (México, Estados Unidos o Canadá) hacia el territorio de otra parte. Esto significa que deben haber salido de un país miembro del acuerdo y ser importados a otro país miembro.

Esta disposición tiene como objetivo facilitar el intercambio comercial y promover la libre circulación de muestras comerciales y materiales de publicidad entre los países del acuerdo, eliminando la barrera de los aranceles aduaneros.

Tasas Arancelarias de Nación más Favorecida para Algunas Mercancías.

Cuando se refiere a tasas arancelarias, la tasa arancelaria es la cantidad o el porcentaje que se aplica como impuesto sobre las importaciones o exportaciones de bienes y servicios, y puede ser AD-VALOREM, específica o mixtos.

Es común que los países establezcan diferentes tasas arancelarias para distintos productos, en función de sus políticas comerciales, objetivos económicos y acuerdos comerciales internacionales en los que participen. Estas tasas pueden ser modificadas periódicamente por los gobiernos para ajustar la política comercial de acuerdo con las circunstancias económicas y los intereses nacionales, en este articulo no fue la excepción, cada parte otorgará trato de nación más favorecida a una mercancía prevista bajo las disposiciones arancelarias establecidas en las tablas 2.10.1, 2.10.2 y 2.10.3.

Las mercancías originarias de México que cumplen con las reglas de origen del USMCA son elegibles para tratamiento libre de impuestos cuando se importan a los Estados Unidos y Canadá y las mercancías no originarias de México están sujetas a las tasas arancelarias NMF de Estados Unidos y Canadá. Estas tarifas varían según el tipo de bien que se esté ingresando a México, que son las (NMF) son las Tasas arancelarias de la nación más favorecida, son las tasas más bajas que esos países aplican a los bienes importados de todos los países.

Por ejemplo, la tasa arancelaria NMF para automóviles importados a los Estados Unidos es del 2,5%. Esto significa que un automóvil importado de México que no cumpla con las reglas de origen del T-MEC estaría sujeto a un arancel del 2.5%. Sin embargo, un automóvil importado de México que cumpla con las reglas de origen sería elegible para el trato libre de impuestos bajo el T-MEC.

Es decir, el arancel aplicado en México a las mercancías no originarias es una arancel favorecido para no pagar el arancel original conforme a la legislación de cada país, por lo que es importante revisar el capítulo si se encuentran en el supuestos de importación como de exportación.

Restricciones a la Importación y Exportación.

Esto nos indica que, a menos que se disponga algo diferente en el tratado en cuestión, ninguna de las partes del acuerdo puede adoptar o mantener prohibiciones o restricciones a la importación de cualquier mercancía proveniente de otra parte, ni a la exportación o venta para la exportación de cualquier mercancía destinada al territorio de otra parte, Esto significa que el tratado busca promover el libre comercio entre las partes, evitando la imposición de barreras comerciales en forma de prohibiciones o restricciones a las importaciones o exportaciones de mercancías.

La intención detrás de esta disposición es fomentar un ambiente de comercio abierto y sin barreras, en el que las partes puedan beneficiarse mutuamente de las oportunidades comerciales y promover el intercambio de bienes y servicios de manera fluida.

Se menciona dentro del acuerdo TMEC que establece una serie de prohibiciones y restricciones relacionadas con los derechos y obligaciones del Acuerdo General sobre Aranceles Aduaneros y Comercio (GATT) de 1994. Analicemos cada punto.

Requisitos de precios de exportación e importación: El texto indica que, a menos que esté permitido en el cumplimiento de órdenes de derechos antidumping y compensatorios o compromisos de precios, queda prohibido que una parte del acuerdo adopte o mantenga requisitos de precios de exportación e importación. Esto implica que no se pueden establecer regulaciones que fijen o controlen los precios de los bienes que se exportan o importan, a menos que estén justificados por medidas de defensa comercial como los derechos antidumping y compensatorios.

Licencias de importación condicionadas al cumplimiento de un requisito de desempeño: La disposición establece que está prohibido que una parte del acuerdo adopte o mantenga licencias de importación que estén condicionadas al cumplimiento de un requisito de desempeño. Esto implica que no se pueden imponer condiciones adicionales a las licencias de importación, más allá de los requisitos comerciales y aduaneros regulares.

Restricciones voluntarias a la exportación incompatibles con el Artículo VI del GATT de 1994: El texto señala que está prohibido que una parte del acuerdo adopte o mantenga restricciones voluntarias a la exportación que sean incompatibles con el Artículo VI del GATT de 1994, tal como se implementó en el Acuerdo sobre Medidas en Materia de Subvenciones y Compensaciones (SMC) y el Acuerdo Antidumping.

El acuerdo se compromete a no adoptar o mantener requisitos de precios de exportación e importación, licencias de importación condicionadas al cumplimiento de requisitos de desempeño ni restricciones voluntarias a la exportación con las disposiciones del GATT de 1994, específicamente relacionadas con el Acuerdo SMC y el Acuerdo Antidumping. Estas prohibiciones y restricciones buscan promover un ambiente de comercio justo y equitativo, evitando prácticas que puedan distorsionar el comercio internacional.

El acuerdo relativo del GATT establece las normas detalladas sobre el proceso de investigación, incluida las reunión de pruebas y la utilización de técnicas de muestreo. Requiere que las autoridades salvaguarden el carácter confidencial de la informacion delicada y verifiquen que la informacion en la que basen sus determinaciones, Además, para asegurar la transparencia del procedimiento, dispone que las autoridades deben indicar a las partes interesadas la información sobre la cual han basado sus determinaciones y darles una oportunidad adecuada para la presentación de sus argumentos.

El Acuerdo relativo a la Aplicación del Artículo VI del Acuerdo General sobre Aranceles Aduaneros y Comercio de 1994 (el "Acuerdo Antidumping") rige la aplicación de medidas antidumping por los Miembros de la OMC, Las medidas antidumping son las acciones unilaterales que puede aplicar un miembro después de haber realizado una investigación y formulado una determinación, con arreglo a las disposiciones del Acuerdo Antidumping, en el sentido de que el producto importado es "objeto de dumping", y que las importaciones objeto de dumping están causando un daño importante a la rama de producción nacional que produce el producto similar. El Acuerdo Antidumping contiene determinadas prescripciones sustantivas para imponer una medida antidumping y requisitos detallados de procedimiento relativos a la realización de investigaciones antidumping, y la imposición y mantenimiento de medidas antidumping.

El incumplimiento de los requisitos sustantivos o de procedimiento puede someterse a un proceso de solución de diferencias y puede justificar la anulación de la medida, a diferencia del Acuerdo sobre Subvenciones y Medidas Compensatorias, el Acuerdo Antidumping no establece disciplinas sobre el dumping propiamente dicho, principalmente porque el dumping consiste en una práctica de fijación de precios que aplican las empresas comerciales y, en consecuencia, no corresponde directamente al ámbito de las disciplinas multilaterales.

Una de las normas sustantivas para del acuerdo antidumping, establece el principio básico de que un miembro no puede imponer una medida antidumping a menos que determine como consecuencia de una investigación realizada de conformidad con las disposiciones del Acuerdo, que ciertas importaciones son objeto de dumping, y que existe un daño importante a una rama de producción nacional y una relación causal entre las importaciones objeto de dumping y el daño.

El dumping se determina calculando la base de una "comparación equitativa" entre el valor normal (el precio del producto importado en las "operaciones comerciales normales" en el país de origen o de exportación) y el precio de exportación (el precio del producto en el país de importación). El artículo 2 contiene disposiciones detalladas para el cálculo del valor normal y del precio de exportación, así como algunos elementos de la comparación equitativa que debe efectuarse.

Como se determina la existencia de daño grave? El artículo 3 del Acuerdo Antidumping contiene normas aplicables a la determinación de la existencia de daño importante, a causa de importaciones objeto de dumping. La definición de daño importante es el daño importante propiamente dicho, la amenaza de daño o el retraso importantes en la creación de una rama de producción nacional.

El requisito básico para la determinación de la existencia de daño es que se efectúe un examen objetivo, basado en pruebas positivas del volumen de las importaciones objeto de dumping y del efecto de éstas en los precios, y la consiguiente repercusión de esas importaciones sobre la rama de producción nacional. Es común aplicar prácticas desleales de comercio exterior, por ello la existencia de mecanismos nacionales e internacionales para mitigar dichas prácticas que amenazan la libre competencia de productos idénticos o similares, la prueba de daño se otorga cuando exista reciprocidad en el país de origen de la mercancía.

Para México existe la Ley del Comercio Exterior en su artículo 41 que nos da la definición de daño material a la rama de producción nacional, y dice que para la determinación, es importante verificar el volumen de importación de las mercancías que fueron objeto de discriminación de precios o de subvenciones, además de los precios de mercancías idénticas o similares en el mercado interno a precios inferiores a su valor normal, la misma autoridad mexicana puede adicionar más elementos para determinar la existencia de daño a la rama de producción nacional.

La rama de producción nacional está definida como el conjunto de los productores de un "producto similar", expresión definida a su vez en el artículo 2.6 del acuerdo antidumping como un producto que sea idéntico al producto objeto de dumping considerado, o cuando no exista ese producto, otro producto que tenga características muy parecidas a las del producto considerado.

Para entender mejor el tema de dumping y daño grabe en materia de comercio exterior te explicare primero lo que son las prácticas desleales de comercio internacional, aunque ya se hizo una reseña al principio de este libro sobre prácticas desleales del comercio exterior, pero no está demás que conozcas los criterios de la autoridad mexicana. De acuerdo a la autoridad mexicana se tienen identificadas tres tipos de prácticas desleales, dumping, subvención y daño a la producción nacional

La discriminación de precios es la más común o igual también lo puedes conocer como dumping; y como ya se ha explicado en repetidas ocasiones! De acuerdo a la Ley del Comercio Exterior en su artículo treinta menciona que es la introducción de mercancías a un precio inferior a su valor normal y además nos define como valor normal el precio comparable de una mercancía idéntica o similar que se destine al mercado interno del país y como precio comparable a la mercancía idéntica o similar exportada del país de origen a un tercer país. Este precio deberá ser el más alto, siempre que sea representativo.

Para calcular el valor normal de una mercancía idéntica o similar, podrán excluirse las ventas en el país de origen o de exportación, en el supuesto de importaciones originarias de un país con economía centralmente planificada, se tomara como valor normal de la mercancía de que se trate el precio de la mercancía idéntica o similar. Una economía centralmente planificada es aquella que no refleja principio de mercado o bien también se conoce cuando al producir un bien se deja en manos de la burocracia central.

Ahora tomaremos el tema de subvenciones, y según la legislación mexicana se entiende que es la contribución financiera que otorgue un gobierno extranjero, sus organizamos públicos, sus entidades o cualquier otro organismo constituido por varios países, directa o indirectamente, a una empresa o rama de producción o grupos de empresas o ramas de producción y con ellos se otorgue un beneficio.

Mercancías Remanufacturadas.

Además de todo lo que contiene el Acuerdo TMEC y a lo establecido en la OMC, también aplica restricciones a las mercancías que son remanufacturadas y podrán requerir que las mercancías, se identifiquen como tal, incluso mediante etiquetado, para distribución o venta en su territorio y cumplan con todos los requisitos técnicos aplicables a las mercancías equivalentes en estado nuevo, si una de las partes adopta medidas que prohíban mercancías usadas, no aplicaran dichas medidas a mercancías remanufacturadas.

El tema de re remanufactura es muy común, sobre todo con las autopartes remanufacturadas. En México existen una serie de empresas que remanufacturan autopartes. Estas empresas toman autopartes usadas y las reacondicionan para dejarlas como nuevas. Las piezas de automóviles remanufacturadas se venden luego a talleres de reparación de automóviles y concesionarios. Un ejemplo de una empresa que remanufactura autopartes en México. La empresa remanufactura discos de freno, pastillas de freno y otras autopartes. La empresa tiene una fábrica en la Ciudad de México que emplea a más de 1,000 personas. Las autopartes remanufacturadas que produce la empresa cumplen con las reglas de origen bajo el Artículo 2.12 del T-MEC. Las piezas se fabrican utilizando una combinación de materiales recuperados de piezas de automóviles usadas que se produjeron en los países del T-MEC y materiales nuevos que se produjeron en los países del T-MEC.

Las autopartes remanufacturadas que produce la empresa se venden a clientes en México, Estados Unidos y Canadá. La compañía tiene varios clientes importantes dentro del territorio TMEC y USMCA. Esto es lo que se conoce como la remanufactura.

Estados Unidos cree que la producción y el comercio de bienes remanufacturados bajo el USMCA creará empleos, impulsará el crecimiento económico y protegerá el medio ambiente.

Transparencia en los Procedimientos de Licencias de Importación.

de acuerdo al nuevo acuerdo comercio TMEC, USMCA y CUSMA, menciona que cada parte notificara a las otras partes sus procedimientos de licencias de importación y exportación, mediante una notificación que va a incluir la lista de los productos sujetos a los procedimientos para el trámite de las licencias de importación y exportación, el servicio del que pueda recabarse sobre las condiciones requeridas, el órgano administrativo para la presentación de las solicitudes, fecha y nombre de la publicación en que se dan a conocer los procedimientos para el trámite, indicación si el procedimiento es automático o no, la duración prevista del procedimiento para el trámite de licencias.

Además también dentro del artículo 7 de la OMC dice que los miembros se comprometen a cumplir con un reporte anual si no antes de haber realizado el cuestionario anual sobre procedimientos para los tramites de licencias de importación del cual dice que los miembros que establezcan procedimientos para el trámite de licencias de importación o modifiquen dichos procedimientos, los notificaran dentro de los 60 días siguientes a su publicación.

Hay una legislación interna que tiene la OMC y dice que cada miembro se asegurara de que a más tardar en la fecha en el acuerdo entre en vigor para él, sus leyes, reglamentos y procedimientos administrativos y cada miembro estará obligado a confirmar al comité de todas las modificaciones introducidas en sus leyes y reglamentos. Se hará sin perjuicio de que los procedimientos de licencias de importación sean compatibles con este tratado.

Se considerará que una parte ha cumplido con las obligaciones con respecto a un procedimiento de licencia cuando, haya notificado ese procedimiento al comité y haya proporcionado la informacion requerida en el cuestionario sobre procedimientos de licencias de importación, además que de cada parte notificara o publicará en un sitio web oficial de gobierno cualquier procedimiento de licencias de importación nuevo o modificado.

Comité de Comercio de Mercancías.

Las partes tienen que establecer un comité de comercio exterior y debe de estar compuesto por representantes de cada país, para México no aplica a los procedimientos de entrada de libre de arancel aduanero para propósitos de personal y menaje de individuos que se trasladen a México. El cargo por procesamiento de mercancías es el único derecho de uso aduanero aplicado por Estados Unido, el derecho de trámite aduanero será el único. Que es el derecho de trámite aduanero.

El derecho de trámite aduanero es un concepto relacionado con el ámbito del comercio internacional y se refiere a los pagos o tarifas que se deben abonar para cumplir con los procedimientos aduaneros necesarios en la importación o exportación de mercancías. Estas tarifas están establecidas por la autoridad aduanera de cada país y se utilizan para cubrir los costos administrativos asociados con el control y la gestión aduanera. Los derechos de trámite aduanero se calculan generalmente como un porcentaje del valor de la mercancía importada o exportada, aunque también pueden basarse en otros criterios, como el peso o la cantidad de unidades. Estos derechos suelen estar especificados en la legislación aduanera de cada país y pueden variar dependiendo del tipo de mercancía, su origen o destino, acuerdos comerciales bilaterales o multilaterales, entre otros factores. Es importante destacar que el derecho de trámite aduanero es independiente de otros impuestos o aranceles que también pueden aplicarse en el comercio internacional, como los aranceles aduaneros (que gravan directamente el valor de las mercancías importadas) o los impuestos al valor agregado (IVA) sobre las ventas.

El artículo 49 de la ley federal de derechos en México no dice que el DTA se pagara por las operaciones aduaneras que se efectúen utilizando un pedimento en términos de la Ley Aduanera, dicho pago del DTA estará exento por temas de tratados de libre comercio, es decir toda mercancía originaria de algún tratado inscrito con México estará exento del pago del DTA, del impuesto general de importación y otras más que el mismo ejecutivo determine mediante reglas. Y regresando el temas de las partes que deberán establecer un comité, los comités deberán reunirse para considerar cualquier cambio que sea referente a trato nacional y acceso a mercados, se reunirán en el lugar y fecha que las mismas partes decidan o bien median medios electrónicos y las funciones de los comités son, monitorear la implementación y administración del capítulo, promover el comercio de mercancías de las partes proveer un foro para las partes, buscar con prontitud tratar las barreras arancelarias y no arancelarias del comercio de mercancías entre las partes, coordinar intercambio de informacion sobre el comercio de mercancías, discutir y esforzarse para resolver cualquiera diferencia que surja entre las partes.

Así como también referir a otro comité establecido en este tratado aquellos asuntos que puedan ser pertinentes para dicho comité, según corresponda, y levar a cabo trabajo adicional que la comisión pueda asignar al que otro comité refiera.

Es importante que revises el capítulo dos del TMEC y estudies las excepciones que el tratado tiene para las partes sobre el trata nacional a las mercancías, así como restricciones a la importación de mercancías y a la exportación, cada parte ha adoptado medidas donde hay una variedad de productos que nos dice que el articulo 2.3 trato nacional y 2.11 restricción a la importación y a la exportación no aplican para ciertas mercancías, México como U.S utilizan los mismo criterios para adoptar medias.

Los compromisos arancelarios del Anexo 2-B del T-MEC están diseñados para promover el comercio entre México y los demás países del T-MEC. Al eliminar los aranceles y establecer contingentes arancelarios, México facilita y abarata la importación de bienes de otros países del T-MEC para las empresas. Las reglas de origen ayudan a garantizar que los beneficios del T-MEC no se desvíen a países que no pertenecen al T-MEC. Existe un contingente arancelario.

Contingentes arancelarios: México también se ha comprometido a establecer contingentes arancelarios para ciertos bienes. Un contingente arancelario es un límite a la cantidad de un bien que se puede importar a México libre de impuestos. Una vez que se alcanza el contingente arancelario, las importaciones del bien están sujetas al arancel NMF completo. (Nación Mas favorecida), otro ejemplo de un contingente arancelario para la leche y la nata importadas de los Estados Unidos. Esto significa que una cierta cantidad de leche y crema puede importarse a México libre de impuestos cada año. Una vez que se alcanza el contingente arancelario, las importaciones de leche y nata están sujetas al arancel NMF total.

Pero que es el contingente arancelario, es un sistema arancelario de dos niveles que combina contingentes de importación y aranceles para regular los productos de importación. Un contingente arancelario permite una tasa arancelaria más baja sobre las importaciones de un producto dado dentro de una cantidad específica y requiere una tasa arancelaria más alta sobre las importaciones que exceden esa cantidad. Por ejemplo, un país podría permitir la importación de 5,000 tractores con una tasa arancelaria del 10%. Sin embargo, cualquier tractor importado por encima de esta cantidad estaría sujeto a una tasa arancelaria del 30%. A diferencia de un sistema de cuotas simple, un régimen de contingentes arancelarios no restringe la cantidad de productos importados, y se utilizan para lograr una serie de objetivos, entre ellos.

136

Proteger a los productores nacionales de la competencia de las importaciones, fomento del comercio entre países, estabilización de precios para los consumidores, Los contingentes arancelarios normalmente los establecen los gobiernos en consulta con las partes interesadas de la industria. El tamaño del contingente arancelario está determinado por una serie de factores, incluido el nivel de producción nacional, el nivel de demanda de importación y el nivel deseado de protección para los productores nacionales, y pueden tener varios factores, en la economía, se protegen a los productores nacionales de la competencia de las importaciones, y regular el costo de los productos para los consumidores.

En general, los contingentes arancelarios son un instrumento de política comercial complejo que puede tener una serie de efectos en la economía. Por lo general, se utilizan para lograr una serie de objetivos, incluida la protección de los productores nacionales, la promoción del comercio y la estabilización de los precios para los consumidores.

La eficacia de los contingentes arancelarios depende de cómo se diseñen y apliquen. Si están diseñados de manera que protejan a los productores nacionales sin perjudicar a los consumidores ni al comercio, entonces pueden ser un instrumento de política comercial útil. Sin embargo, si están diseñados de manera que perjudiquen a los consumidores o al comercio, pueden ser contraproducentes.

Ahora revisa este otro ejemplo de cómo aplicar la contingencia arancelaria de la crema. El contingente arancelario para la crema se estableció en el USMCA, que entró en vigencia en 2020. El contingente arancelario está diseñado para proteger a la industria láctea mexicana de la competencia de las importaciones. También proporciona un incentivo para que los productores de crema de EE. UU. vendan sus productos en México, y es administrado por el gobierno mexicano. Los importadores de crema deben solicitar una licencia de cuota del gobierno. Las licencias se otorgan por orden de llegada. El contingente arancelario para la crema ha sido controvertido. Algunos críticos argumentan que el protege a los productores de lácteos mexicanos ineficientes y eleva los precios para los consumidores. Otros argumentan que el contingente arancelario es necesario para proteger a la industria láctea mexicana de la competencia desleal de los Estados Unidos.

Está previsto que el contingente arancelario para la crema expire en 2035. Es posible que el contingente arancelario se extienda o modifique antes de esa fecha, Estas son algunas de las disposiciones clave de la Cuota Arancelaria-CA2: Crema. El contingente arancelario permite la importación de 50.000 toneladas métricas de crema libres de impuestos cada año.

Una vez que se alcanza el contingente arancelario, las importaciones de crema están sujetas a una tasa arancelaria del 10%.

México sigue utilizando tres tipos de contingentes arancelarios: los que están negociados en la OMC, los contingentes negociados en los acuerdos comerciales y los contingentes unilaterales, los contingentes arancelarios, son las medidas conforme a la cual un producto está sujeto a un arancel de la nación más favorecida NMF, pero va a depender de las cantidades a importar ya que a cierta cantidad se le puede aplicar un arancel menor y en algunos casos a un cero por ciento, mayor mente son aplicados a los productos agrícolas y pueden ser también estacionales, es decir por periodo de años.

La OMC mantiene contingentes arancelarios de los productos como carnes y despojos comestibles, leche en polvo, queso, café, papas, frijoles, trigo, maíz, grasas animales , azúcar entro otros productos.

México ha negociado contingentes preferenciales en el marco de sus acuerdo comerciales con ACE ACE Nº 6, 56 líneas arancelarias a nivel 8 dígitos y ACE Nº 55, con 25 líneas arancelarias, Brasil ACE Nº 53 con 8 líneas arancelarias, con Costa Rica, Cuba, El salvador, Guatemala, Honduras, Israel, Japón, Nicaragua, Uruguay y con la Unión Europea, y para el caso del tratado TIPAT, también negocio contingentes arancelarios preferenciales con Australia, Canadá, Nueva Zelandia, Singapur, Vietnam y Japón.

Canadá administrara los contingentes arancelarios por medio de licencias de importación cada año cupo a los solicitantes elegibles por ejemplo la leche, crema, Leche en polvo descremada y condensada, Mantequilla y Crema en Polvo, Quesos Industriales, yogur y suero de leche, Suero de leche en polvo, Helados y mezclas de helados, Pollo, Huevos y Productos de Huevos, es un producto que Canadá tiene en la lista de contingentes arancelarios.

Lista de aranceles de Estados Unidos sobre los contingentes arancelarios que se le aplicara a mercancías originarias de Canadá, todas las mercancías sujetas a contingentes arancelarios no deberán pagar el arancel normal que menciona la tarifa, si no que estarán sujetas a la tasa arancelarias establecidas en el contingente arancelario y Estados Unidos administrarán todos los contingentes arancelarios previstos en este Tratado y establecidos en este Apéndice con base en primero en tiempo, primero en derecho.

La crema fluida, crema agria, helados y bebidas lácteas son parte de productos sujetos a Contingentes Arancelarios además de leche en polvo descremada, Mantequilla, crema y crema en polvo, Queso, Leche entera en polvo y concentrada, yogur seco, crema agria, suero de leche, Azúcar, Productos que contienen azúcar.

Contingentes arancelarios que México aplicará a ciertas mercancías originarias de las Partes conforme a este Tratado. En particular, las mercancías originarias estarán sujetas al pago de las tasas arancelarias establecidas en este

acuerdo, en lugar de las tasas arancelarias especificadas en los capítulos 1 a 97 de la Tarifa de la Ley de los Impuestos Generales de Importación y de Exportación (LIGIE), México administrará sus contingentes arancelarios, Cuando México asigne sus contingentes mediante licitación pública, éstos deberán ser publicados en línea con un mes de antelación, sin restricción en cuanto a la participación o a los volúmenes de la oferta, y todos los licitantes ganadores pagarán el precio mínimo ganador.

Para los contingentes administrados mediante primero en tiempo, primero en derecho, México podrá exigir que los importadores obtengan de la Secretaría de Economía una licencia de importación por cada embarque, Tales licencias serán emitidas de inmediato y sin ninguna condición. México podrá considerar dejar de solicitar las licencias de importación en la medida en que lo permitan las mejoras en la operación aduanera.

Disposiciones entre México y los Estados Unidos Sobre mercancía Automotriz.

El Anexo 2-C del USMCA y TMEC contiene disposiciones entre México y los Estados Unidos relacionadas con los aranceles aduaneros sobre mercancías automotrices que no son originarias bajo el Capítulo 4 (Reglas de origen). Las principales disposiciones del Anexo 2-C son las siguiente.

Aumento de los requisitos de contenido de valor regional. El T-MEC exige que los vehículos de pasajeros y los camiones ligeros tengan un valor de contenido regional del 75 %, frente al 62,5 % del TMEC. Esto significa que al menos el 75 % del valor de estos vehículos debe producirse en la región del T-MEC para calificar para el tratamiento arancelario preferencial.

Requisitos de contenido de acero y aluminio. El T-MEC exige que los vehículos de pasajeros y camiones ligeros tengan al menos el 70 % de su contenido de acero y aluminio de la región del T-MEC. Esto tiene como objetivo promover el uso de acero y aluminio fabricados en América del Norte en estos vehículos, además de tener una regla de origen muy limitada para motores y transmisiones, estas reglas están diseñadas para garantizar que estos componentes se fabriquen en la región USMCA, además de que mantiene aranceles sobre bienes automotrices que no cumplen con los requisitos de valor de contenido regional u otras reglas de origen en el Anexo 2-C. Sin embargo, estas tarifas se eliminan gradualmente durante un período de 10 años.

Las disposiciones del Anexo 2-C tienen por objeto promover la producción de bienes automotrices en la región del T-MEC y crear empleos en los Estados Unidos y México. También se espera que el acuerdo reduzca el déficit comercial entre Estados Unidos y México en el sector automotriz.

Los criterios del Anexo 2-C no aplicaran a las mercancías originarias que apliquen para tratamiento arancelario preferencial, conforme al capítulo 4 de las reglas de origen y que sean vehículos para pasajeros, camiones ligeros y autopartes.

Todos los vehículos para pasajeros, que no califiquen como originarios, no deberán exceder mas del 2.5 por ciento o la tasa del arancel de la nación más favorecida NMF, al momento de la importación de la mercancía. Para las camiones ligeros que no califiquen como originarios de acuerdo al capítulo 4 de TMEC, no deberá de exceder el menor de 25 por ciento o la tasa del arancel de la nación más favorecida NMF y para las auto partes que no califiquen como originaria conforme al capítulo 4 de las reglas de origen no deberá de aplicar el arancel o tasa que indica la fracción de acuerdo a la TIGIE, si no que será por el menor de la tasa del arancel del arancel de la nación más favorecida NMF.

Si Estados Unidos implementa cualquier medida que incremente su tasa arancelaria NMF, se aplicara lo siguiente. Si el vehículo no califica como originario, no deberá de exceder del 2.5 por ciento siempre y cuando cumpla con un contenido regional del 62.5 por ciento bajo el método del costo neto y U.S podrá limitar este tratamiento a 1,600,000 vehículos por año.

Para las autopartes que no califiquen como originarias conforme a la regla de origen del capítulo 4(reglas de origen) no excederá la tasa NMF, siempre que la autoparte cumpla con un contenido regional de al menos 50 por ciento bajo el método del costo neto, o 60 por ciento bajo el método de valor de transacción, y también U.S podrá limitar el cruce de dichas mercancías en 108 mil millones de dólares en cualquier año calendario.

Para eso México deberá monitorear y asignara las cantidades de vehículos para pasajeros y el valor de las autopartes elegibles para el tratamiento del contenido regional. Aun así, es claro que si los vehículos y las autopartes no califican como originarios de acuerdo a las reglas de origen establecidas en el capítulo cuarto, no deberán de pagar el arancel mencionado a nivel TIGIE si no el que indica la Nación más Favorecida y dichas mercancías estarán sujetas a la revisión procedimiento de origen.

Temática del Trato Nacional y Acceso a Mercados.

El capítulo de Trato Nacional y Acceso al Mercado para Bienes del acuerdo USMCA, TEMC y CUSMA (Capítulo 2) asegura que los bienes de los tres países reciban el mismo trato en los mercados de los demás. Esto significa que los bienes mexicanos deben recibir el mismo trato que los bienes estadounidenses y canadienses cuando se importan a estos países, y viceversa. Esto incluye tanto las barreras arancelarias como las no arancelarias al comercio. El capítulo prohíbe los impuestos y tarifas discriminatorios sobre los bienes importados, así como los requisitos de que los bienes importados se vendan a través de un distribuidor nacional. También limita el uso de cuotas y otras restricciones cuantitativas a las importaciones.

Además del trato nacional, el capítulo también establece reglas para el acceso al mercado de bienes. Estas reglas establecen los aranceles máximos que se pueden aplicar a los bienes importados y también prohíben cierto tipo de medidas discriminatorias que pueden restringir el acceso a los mercados, los beneficios del capítulo de Trato Nacional y Acceso a Mercados de Mercancías para México son significativos. Primero, el capítulo ayudará a reducir el costo de hacer negocios en México al reducir los aranceles y otras barreras comerciales. Esto facilitará que las empresas mexicanas exporten sus productos a los Estados Unidos y

Canadá, y también facilitará que las empresas extranjeras inviertan en México.

En segundo lugar, el capítulo ayudará a atraer inversión extranjera a México. Al garantizar que los inversionistas extranjeros reciban el mismo trato en el mercado mexicano, el capítulo hará de México un destino más atractivo para la inversión extranjera. Esto es importante para la economía de México, ya que la inversión extranjera puede ayudar a crear empleos e impulsar el crecimiento económico, el capítulo ayudará a crear un mercado norteamericano más integrado. Esto beneficiará a las empresas y los consumidores en los tres países.

En general, el capítulo de Trato Nacional y Acceso al Mercado de Bienes del T-MEC es un importante paso adelante para la economía de México. El capítulo ayudará a reducir las barreras comerciales, atraer inversiones extranjeras y promover la integración económica en América del Norte. Estos beneficios ayudarán a impulsar la economía de México y crear empleos para los ciudadanos, además de los beneficios mencionados anteriormente, el capítulo de Trato Nacional y Acceso a Mercados de Bienes también incluye disposiciones que están diseñadas para proteger el medio ambiente y los derechos laborales. Estas disposiciones ayudarán a asegurar que el crecimiento económico de México sea sostenible y que los beneficios del comercio sean compartidos por todos los mexicanos.

México está trabajando para garantizar que el trato nacional y el acceso de bienes se implementen de manera efectiva bajo el acuerdo USMCA. El gobierno mexicano en conjunto con economía ha continuado con las reuniones anuales trilaterales para temas específicos del TMEC.

Gracias!